D1751002

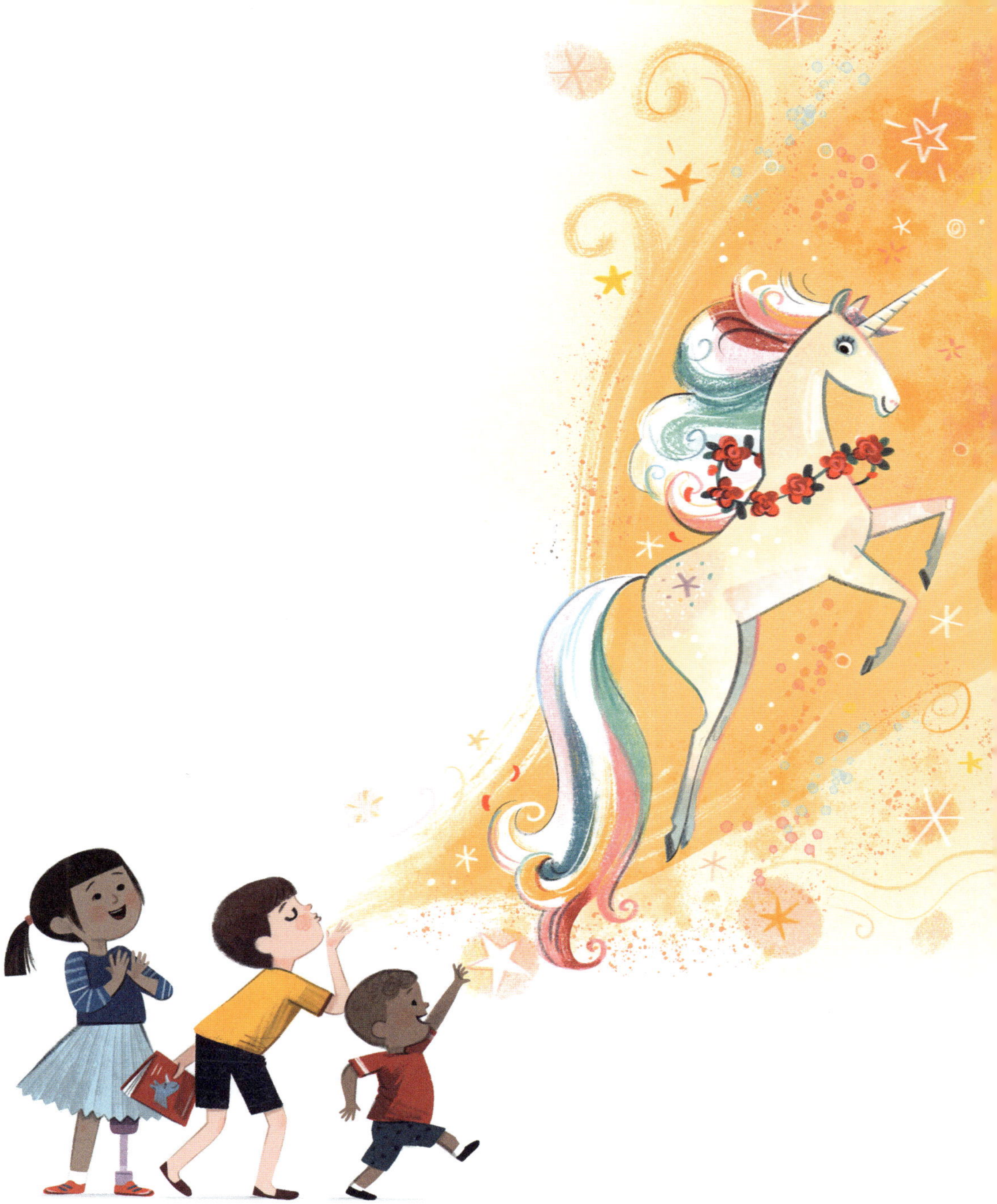

Für Arlo, Alby und meinen Big Friendly Giant –
von allen Wesen unter unserer Sonne zählen sie
zu meinen liebsten.
Voller Liebe,
M xxx

Die Informationen und Ratschläge in diesem Buch sind von den
Autorinnen und Autoren und vom Verlag sorgfältig erwogen und geprüft,
dennoch kann eine Garantie nicht übernommen werden.
Eine Haftung der Autorinnen und Autoren bzw. des Verlags und seiner Beauftragten
für Personen-, Sach- und Vermögensschäden ist ausgeschlossen.

1. Auflage 2022
Deutsche Erstausgabe
© 2022 Dragonfly in der
Verlagsgruppe HarperCollins Deutschland GmbH, Hamburg
Alle Rechte für die deutschsprachige Ausgabe vorbehalten

Text © Molly Oldfield, 2021
Illustrations © Ladybird Books Ltd 2021
Originaltitel: »Everything under the Sun«
First published in 2021 by Puffin which is part of the
Penguin Random House group of companies.
Umschlaggestaltung: Designomicon/Anke Koopmann, München
Gesetzt aus der Avenir
von Gaby Michel, Hamburg
Druck und Bindung: Drukarnia Dimograf Sp z o.o.
Printed in Poland · ISBN 978-3-7488-0221-1

www.dragonfly-verlag.de
Facebook: facebook.de/dragonflyverlag
Instagram: @dragonflyverlag

ALLES UNTER UNSERER SONNE

AUS DEM ENGLISCHEN VON ULRICH THIELE

MOLLY OLDFIELD

EIN HINWEIS FÜR DICH

Bevor du dich zu deiner Reise durch die vielen Fragen in diesem Buch aufmachst, müssen wir dir etwas erklären.

Einige der Antworten drehen sich allein um Tatsachen, andere spiegeln die persönlichen Ansichten der Autorin oder der Fachleute wider, die zu ihnen beigetragen haben. Eine Liste der Expertinnen und Experten findest du am Ende des Buches. Manchmal sind ihre Antworten eine Mischung aus Fakten und Meinung. Und mit Fakten ist es so eine Sache: Sie können sich ändern. So galt Pluto früher als ausgewachsener Planet, bis die Wissenschaft ihn 2006 zum Zwergplaneten zurückstufte. In älteren Büchern, die seit 2006 nicht auf den neuesten Stand gebracht wurden, wird Pluto also noch als Planet bezeichnet – was heute falsch ist, aber korrekt war, als das Buch verfasst wurde. Darüber hinaus passiert es Erwachsenen häufiger, dass sie irgendetwas falsch verstehen oder ihre Meinung zu einem Thema im Lauf der Zeit ändern. Auch nach der Schule lernt man schließlich weiter dazu! Die Autorin und alle, die zu diesem Buch beigetragen haben, haben ihre Antworten wohl bedacht und sind der Überzeugung, dass sie sachlich korrekt sind. Falls du mit den Informationen daraus aber irgendetwas anderes anfangen willst, stell lieber noch mal ein paar eigene Nachforschungen an und lass dir dabei am besten von jemand Erwachsenem helfen, der oder die mit aufpasst.

Und jetzt auf zu einer fantastischen Reise!

INHALT

JANUAR	8–27
FEBRUAR	28–47
MÄRZ	48–67
APRIL	68–87
MAI	88–107
JUNI	108–127
JULI	128–147
AUGUST	148–167
SEPTEMBER	168–187
OKTOBER	188–207
NOVEMBER	208–227
DEZEMBER	228–247

EINLEITUNG

Die Keimzelle dieses wunderschönen Buches war mein gleichnamiger Podcast: *Alles unter unserer Sonne (Everything Under the Sun)*. Für den Podcast schicken Kinder Tonaufnahmen mit Fragen ein, von denen ich Woche für Woche drei auswähle und beantworte. Häufig mit Unterstützung von Fachleuten auf dem jeweiligen Gebiet.

Wenn ich morgens meine E-Mails checke, erwarten mich stets neue Fragen von Kindern aus aller Welt. Fragen nach allem, was man sich vorstellen kann:
Können sich Blauwale mit Killerwalen unterhalten?
Was für Geräusche machen Giraffen?
Welcher Dinosaurier war am größten?
Wie viel Plastik schwimmt im Meer?
Wer hat die Kunst erfunden?
Wer war das allererste Mitglied meiner Familie?
Es macht Freude, so den Tag zu beginnen.

Diese Freude an meinem Podcast wollte ich durch ein Buch weitergeben – und hier ist es! In *Alles unter unserer Sonne* stehen Antworten auf 366 Kinderfragen, die jeweils für meinen Podcast eingesandt wurden. Eine Frage für jeden Tag im Jahr plus eine Zusatzfrage für Schaltjahre.

Es ist eine Hymne auf unseren herrlichen Planeten und weit darüber hinaus.

Du willst wissen, warum wir Menschen Kunst erschaffen?
Lass es dir von Bilderbuchzeichner und Geschichtenerzähler
Oliver Jeffers erklären.
Warum dein Essen anders schmeckt, wenn du erkältet bist?
Der Koch Heston Blumenthal sagt es dir.
Wie Wörterbücher gemacht werden?
Dr. Catherine Sangster weiß Bescheid.

Niemand ist so neugierig, niemand kann so gut staunen
wie Kinder. Ich hoffe also, du bist hier genau richtig.
Und ich hoffe, dass dieses Buch auch den Eltern
und Großeltern, den Lehrerinnen und Lehrern,
Patentanten und Patenonkeln und allen anderen
Erwachsenen eine Hilfe ist, die täglich von Kindern
mit Fragen bombardiert werden – oder die womöglich
selbst noch die eine oder andere Frage haben.

Lass dich von deiner Neugier leiten.
Es kann nur toll werden!

Alles Liebe

Molly

JANUAR

1
KÖNNEN SICH BLAUWALE MIT KILLERWALEN UNTERHALTEN?

2
WOHNEN SPINNEN IN BANANENKISTEN?

3
MACHEN SPINNEN GERÄUSCHE? UND WENN JA, WIE HÖREN DIE SICH AN?

4
WARUM RIECHT MAN VON KNOBLAUCH SCHLECHT AUS DEM MUND, ABER NICHT VON NUDELN ODER ÄPFELN?

5
WELCHER WAR DER ERSTE DINOSAURIER ÜBERHAUPT?

6
WELCHER DINOSAURIER WAR AM KLEINSTEN?

7
WELCHER DINOSAURIER WAR AM GRÖSSTEN?

8
WIE VIELE TIERARTEN GIBT ES AUF DER WELT?

9
WARUM HABEN PAVIANE EINEN NACKIGEN POPO?

10
WARUM HABEN RIESENKAKTEEN ARME?

11
WIE STELLT UNSER KÖRPER OHRENSCHMALZ HER?

12
WARUM SIEHT MAN BEI REGEN SO VIELE SCHNECKEN?

13
WIE WACHSEN WIR?

14
WARUM HÜPFEN FRÖSCHE AUF SEEROSENBLÄTTER?

15
WIE LANGE KÖNNEN FRÖSCHE UNTER WASSER BLEIBEN?

16
WIE VIELE MENSCHEN GIBT ES AUF DER WELT?

JANUAR

17
GIBT ES AUF DER WELT MEHR
MÄDCHEN ODER JUNGEN?

18
WAS IST DER UNTERSCHIED
ZWISCHEN EINEM JAGUAR UND
EINEM LEOPARDEN?

19
WIE HÖREN SICH ZEBRAS AN?

20
WARUM HABEN TIGER STREIFEN?

21
ÄNDERN SICH BEI LEOPARDEN
IRGENDWANN DIE PUNKTE?

22
WORAUS BESTEHEN HAARE?

23
WIE LANGE WÜRDE ES DAUERN,
BIS MEINE HAARE SO LANG SIND
WIE DIE VON RAPUNZEL?

24
WIE BEWEGEN SICH FAHRRÄDER?

25
WORAUS BESTEHT
FARBE?

26
WIE WERDEN FARBEN
HERGESTELLT?

27
BEKOMMT MAN VON KÄSE
ALBTRÄUME?

28
WOZU SIND UNSERE
ZEHEN GUT?

29
WOZU BRAUCHEN WIR
ZEHENNÄGEL?

30
WELCHER PLANET
UNSERES SONNENSYSTEMS WAR
ALS ALLERERSTER DA?

31
WIE LANGE TOBT DER STURM
AUF DEM JUPITER SCHON?

1
KÖNNEN SICH BLAUWALE MIT KILLERWALEN UNTERHALTEN?

Wusstest du, dass Killerwale genau genommen gar keine Wale sind, sondern Delfine? Sie sind die größten Mitglieder der Delfinfamilie. Und woher kommt ihr komischer Name? Vor Hunderten von Jahren beobachteten Seeleute, wie diese Riesendelfine Wale attackierten, und nannten sie deshalb »Walkiller«. Das drehte sich mit der Zeit zu »Killerwale« um. Heute werden sie meistens Orcas oder Schwertwale genannt. Irgendwie sympathischer, oder?

Wie andere Delfine auch verständigen sich Orcas über Pfeif- und Klicklaute und weitere Rufe. Blauwale hingegen singen sehr laute, tiefe Lieder, die unter Wasser Tausende von Kilometern weit zu hören sein können. Orcas und Blauwale klingen also ganz unterschiedlich – schwer vorstellbar, dass sie miteinander reden können. Genauso gut könntest du versuchen, dich mit einem Schaf zu unterhalten!

JANUAR

Orcas und Blauwale tummeln sich in allen Ozeanen, und jede Gruppe nutzt eine eigene Sprache. Es ist gut möglich, dass ein Blauwal auf seinen weiten Streifzügen in der Nähe von Island auf ein paar Orcas trifft, die eine bestimmte Sprache »sprechen«, und in der Antarktis auf andere Orcas, die eine völlig andere »sprechen«.

JANUAR

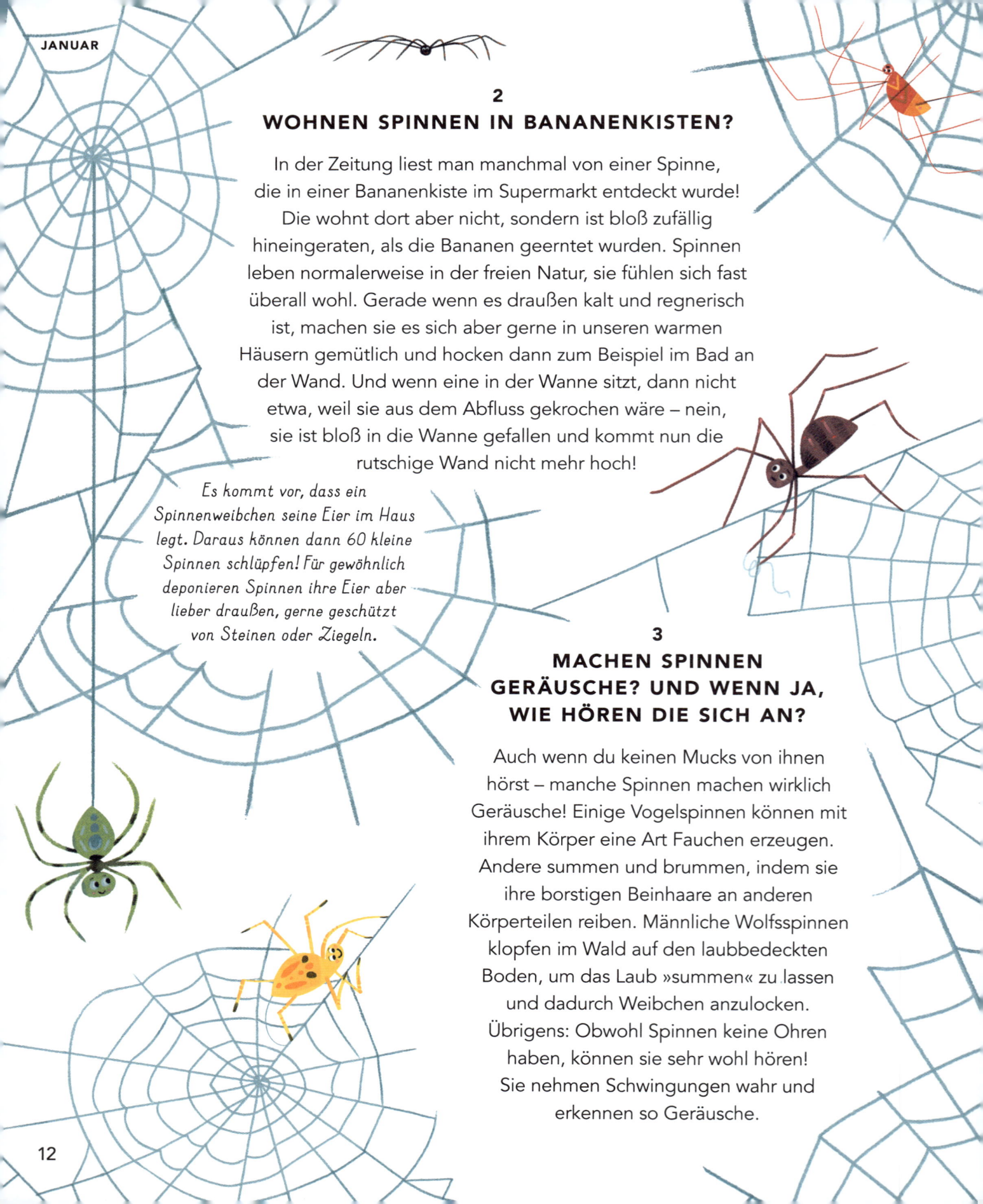

2
WOHNEN SPINNEN IN BANANENKISTEN?

In der Zeitung liest man manchmal von einer Spinne, die in einer Bananenkiste im Supermarkt entdeckt wurde! Die wohnt dort aber nicht, sondern ist bloß zufällig hineingeraten, als die Bananen geerntet wurden. Spinnen leben normalerweise in der freien Natur, sie fühlen sich fast überall wohl. Gerade wenn es draußen kalt und regnerisch ist, machen sie es sich aber gerne in unseren warmen Häusern gemütlich und hocken dann zum Beispiel im Bad an der Wand. Und wenn eine in der Wanne sitzt, dann nicht etwa, weil sie aus dem Abfluss gekrochen wäre – nein, sie ist bloß in die Wanne gefallen und kommt nun die rutschige Wand nicht mehr hoch!

Es kommt vor, dass ein Spinnenweibchen seine Eier im Haus legt. Daraus können dann 60 kleine Spinnen schlüpfen! Für gewöhnlich deponieren Spinnen ihre Eier aber lieber draußen, gerne geschützt von Steinen oder Ziegeln.

3
MACHEN SPINNEN GERÄUSCHE? UND WENN JA, WIE HÖREN DIE SICH AN?

Auch wenn du keinen Mucks von ihnen hörst – manche Spinnen machen wirklich Geräusche! Einige Vogelspinnen können mit ihrem Körper eine Art Fauchen erzeugen. Andere summen und brummen, indem sie ihre borstigen Beinhaare an anderen Körperteilen reiben. Männliche Wolfsspinnen klopfen im Wald auf den laubbedeckten Boden, um das Laub »summen« zu lassen und dadurch Weibchen anzulocken. Übrigens: Obwohl Spinnen keine Ohren haben, können sie sehr wohl hören! Sie nehmen Schwingungen wahr und erkennen so Geräusche.

4
WARUM RIECHT MAN VON KNOBLAUCH SCHLECHT AUS DEM MUND, ABER NICHT VON NUDELN ODER ÄPFELN?

Im Knoblauch stecken bestimmte Schwefelverbindungen. Beim Essen gelangen die in den Blutkreislauf. Das tut deinem Blut gut, deinem Atem aber nicht! Der Knoblauchschwefel rauscht im Blut durch deinen Körper. Wenn er in der Lunge ankommt, atmet man ein bisschen was davon aus. Zusätzlich schwitzt man ihn über die Haut aus. Deshalb wird man den Geruch auch durch Zähneputzen nicht los, denn der Schwefel kommt gar nicht aus dem Mund selbst. Von Nudeln oder Äpfeln riecht man nicht schlecht, weil darin keine stinkenden Schwefelverbindungen stecken.

JANUAR

5
WELCHER WAR DER ERSTE DINOSAURIER ÜBERHAUPT?

Die ersten Dinosaurier, von denen wir wissen, waren auf der Südhalbkugel zu Hause. Wenn du dir die Linie um die Mitte der Erde vorstellst, den Äquator, ist das die Halbkugel südlich davon. Zu den ersten Dinosauriern gehörten der *Eoraptor*, der vor rund 230 Millionen Jahren in Argentinien lebte, und der *Saturnalia*, der vor etwa 230 Millionen Jahren in Brasilien und Simbabwe lebte. Der vielleicht älteste ist aber der *Nyasasaurus* – er lebte vor ungefähr 243 Millionen Jahren in Tansania.

6
WELCHER DINOSAURIER WAR AM KLEINSTEN?

Wissenschaftlerinnen und Wissenschaftler haben ein vogelähnliches Dinosaurierfossil entdeckt, eingeschlossen in ein Stück Bernstein. Es stammt womöglich vom kleinsten Dinosaurier aller Zeiten. Er wog wohl nur zwei Gramm, so viel wie ein Bienenkolibri. Der kleinste Saurier aus der Gattung der Raptoren war der *Microraptor*, der war nur so groß wie eine Taube und ernährte sich von kleinen Säugetieren, Insekten, Vögeln und Fischen. Der kleinste Tyrannosaurier war der *Dilong*. Er lebte 60 Millionen Jahre vor dem *Tyrannosaurus rex* und brachte bloß 11 Kilo auf die Waage, nicht viel mehr als ein pummeliger Dackel!

JANUAR

7
WELCHER DINOSAURIER WAR AM GRÖSSTEN?

Über diese Frage ist man sich nicht ganz einig. Es gibt ein paar heiße Kandidaten für den Titel des größten Dinosauriers. Einer der aussichtsreichsten wäre wohl der *Argentinosaurus*, der möglicherweise bis zu 70 000 Kilogramm wog. Das wären ungefähr zwölf ausgewachsene Afrikanische Elefantenbullen! Doch es gab auch ein paar andere dicke Brocken, zum Beispiel den *Dreadnoughtus* und den *Patagotitan*. Sie könnten ähnlich schwer gewesen sein – 60 000 Kilo wogen sie mindestens!

JANUAR

8
WIE VIELE TIERARTEN GIBT ES AUF DER WELT?

Das ist gar nicht so leicht zu zählen, denn die Wissenschaft findet immer noch neue Tiere. Etwa 1,75 Millionen Tierarten hat sie schon entdeckt. Vermutlich leben aber noch viele Millionen bislang unbekannte Tiere auf der Erde.

Es wäre schon schwierig genug, alle Insekten in der Nähe deines Zuhauses zu zählen! Auf der Erde leben vermutlich mehr als fünf Millionen Insektenarten, von denen uns aber nur ungefähr eine Million bekannt ist. Wer weiß, vielleicht wirst du mal Forscherin oder Forscher und entdeckst selbst eine neue Spezies?

9
WARUM HABEN PAVIANE EINEN NACKIGEN POPO?

Die roten Hautpolster am Pavianpopo bestehen aus Fettgewebe. Damit haben diese Affen immer ein Sitzkissen dabei, auf dem sie sich überall bequem niederlassen können. Dank ihrer robusten Hinterbacken können sie sogar im Sitzen und auf kalten Steinen schlafen!

10
WARUM HABEN RIESENKAKTEEN ARME?

Riesenkakteen werden sehr groß – was aber seeeeehr laaaaange dauert! Arme wachsen ihnen meistens erst, wenn sie zwischen 70 und 100 Jahre alt sind. Bei manchen sind es 25 Arme, andere gehen leer aus. Ein Vorteil der Arme könnte sein, dass darauf zusätzliche Blüten sprießen. Das führt zu mehr Riesenkakteenbabys! Übrigens öffnen sich die Blüten von Riesenkakteen nur für eine Nacht und riechen nach Melone.

11
WIE STELLT UNSER KÖRPER OHRENSCHMALZ HER?

In unseren Ohren befinden sich die Ohrenschmalzdrüsen, winzig kleine Organe, die das Ohrenschmalz herstellen. Es wird also tief im Ohr produziert, wandert dann gemächlich durch den Gehörgang nach außen und fällt meistens ganz von alleine raus. Das Schmalz schützt die Ohren vor Trockenheit und Krankheiten und hält Staub und Schmutz draußen.

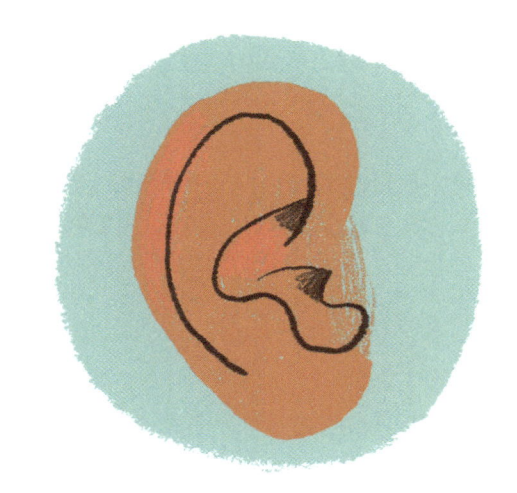

12
WARUM SIEHT MAN BEI REGEN SO VIELE SCHNECKEN?

Die meisten Schnecken kommen bei Dunkelheit aus ihren Verstecken. Nur wenn es geregnet hat, sieht man sie auch tagsüber. Dann können sie ihre Haut feucht halten und sie so vor dem Austrocknen bewahren. Das müssen sie, um Schleim herzustellen, denn das verbraucht eine Menge Wasser. Bei heißem, trockenem Wetter verkriechen Gehäuseschnecken sich in ihrem Häuschen, um nicht auszutrocknen. Manche verschließen den Eingang zusätzlich mit einem Schleimpfropf, damit ihnen bloß kein Wasser verloren geht.

13
WIE WACHSEN WIR?

Kinder sind ein bisschen wie Pflanzen: Zum Wachsen brauchen sie Wasser, Nahrung, frische Luft und Wärme, außerdem viel Spaß und etliche Knuddeleinheiten! In unserem Körper sind Hormone unterwegs. Das sind Stoffe, die Botschaften an unsere Muskeln, Knochen, Gelenke, an Herz, Lunge und Kreislauf übermitteln und so den Körper wachsen lassen.

14
WARUM HÜPFEN FRÖSCHE AUF SEEROSENBLÄTTER?

Frösche leben an Land, meist in der Nähe von Gewässern. Dort gibt es reichlich Insekten, an denen sich die Frösche satt futtern können. Wenn auf dem Wasser Seerosenblätter schwimmen, können sie sich dort wunderbar ausruhen. Die Blätter gehen durch ihren nach oben gebogenen Rand selbst mit einem Frosch obendrauf nicht unter. Manchmal hockt ein Frosch stundenlang ruhig auf einem Blatt, schnellt dann aber plötzlich in die Höhe und schnappt sich eine leckere Fliege.

15
WIE LANGE KÖNNEN FRÖSCHE UNTER WASSER BLEIBEN?

Kaulquappen, also Babyfrösche, haben Kiemen und können deshalb unter Wasser atmen. Doch wenn aus den Kaulquappen Frösche werden, verschwinden die Kiemen. Trotzdem halten es die meisten Frösche lange Zeit unter Wasser aus – sie können nämlich durch ihre Haut atmen!

Der Titicaca-Riesenfrosch hat eine sehr faltige, runzelige Haut und dadurch mehr Hautfläche, über die er Sauerstoff aufnimmt. Deswegen kann er so lange unter Wasser bleiben, wie er möchte, sogar sein ganzes Leben lang!

JANUAR

16
WIE VIELE MENSCHEN GIBT ES AUF DER WELT?

Schwer zu sagen, denn es werden immer mehr! Im Jahr 1804 lebten eine Milliarde Menschen auf der Erde, 1927 waren es zwei Milliarden und 1974 bereits vier Milliarden. Um 2023 herum könnten es schon acht Milliarden sein und 2100 unglaubliche elf Milliarden! Doch als uns diese Frage gestellt wurde, betrug die Weltbevölkerung ungefähr 7,7 Milliarden Menschen.

17
GIBT ES AUF DER WELT MEHR MÄDCHEN ODER JUNGEN?

Jahr für Jahr werden ein paar mehr kleine Jungen geboren als Mädchen. Auf 100 Mädchen kommen etwa 105 Jungen.

Woran das liegt? Eine Theorie besagt, dass Jungen und Männer sich in alten Zeiten häufiger in Gefahr begeben mussten als Mädchen und Frauen. Dadurch lebten sie manchmal nicht so lange. Damit es trotzdem ungefähr genauso viele erwachsene Männer wie Frauen gab, hat die Natur für mehr Jungen gesorgt. Ganz sicher ist sich da niemand, doch so sehen es viele Expertinnen und Experten.

Nicht vergessen: Manche Menschen empfinden sich selbst nicht als männlich, obwohl sie als Junge geboren wurden, oder nicht als weiblich, obwohl sie als Mädchen geboren wurden. Diese Menschen bezeichnen sich häufig als Transgender oder trans.

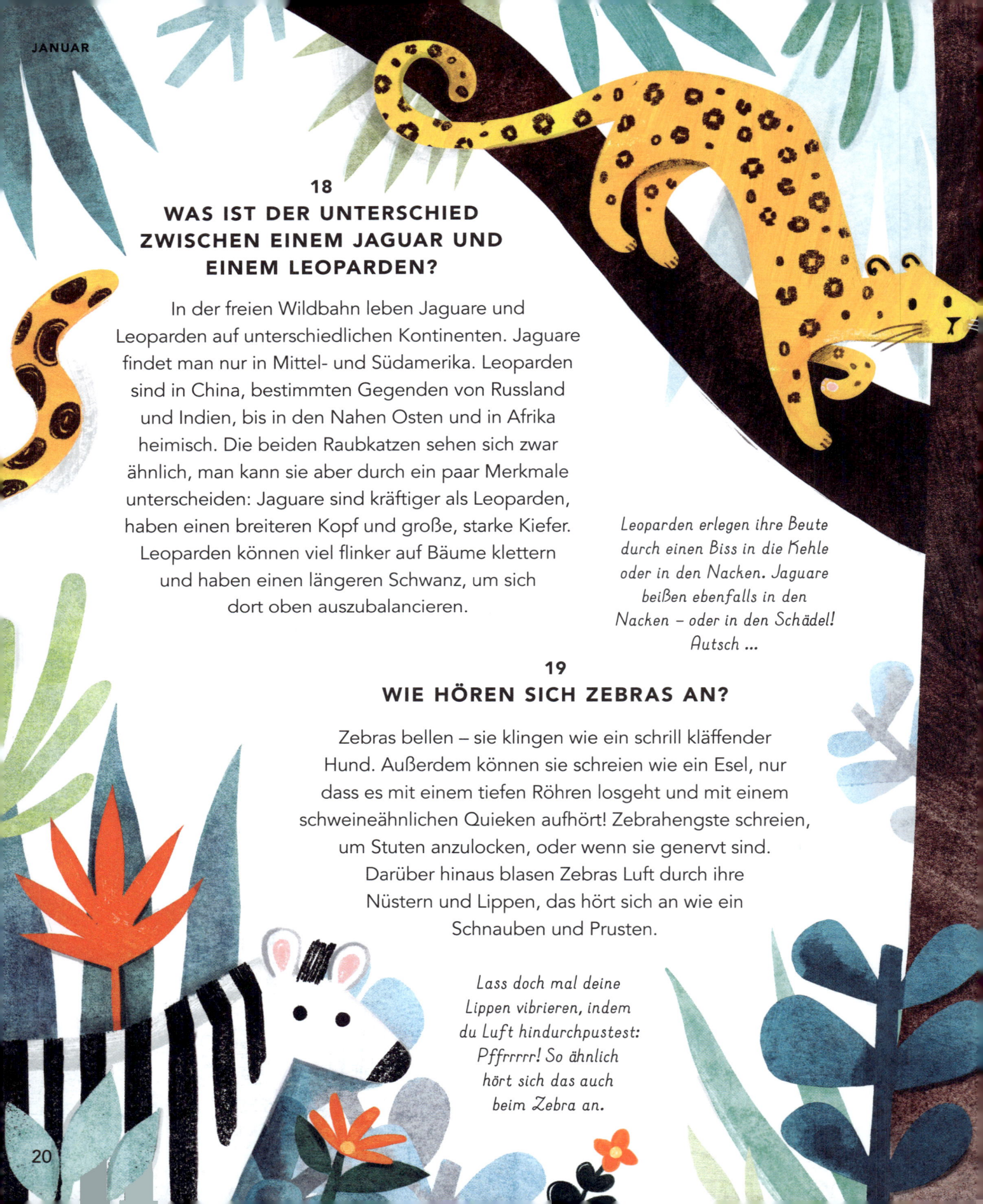

18
WAS IST DER UNTERSCHIED ZWISCHEN EINEM JAGUAR UND EINEM LEOPARDEN?

In der freien Wildbahn leben Jaguare und Leoparden auf unterschiedlichen Kontinenten. Jaguare findet man nur in Mittel- und Südamerika. Leoparden sind in China, bestimmten Gegenden von Russland und Indien, bis in den Nahen Osten und in Afrika heimisch. Die beiden Raubkatzen sehen sich zwar ähnlich, man kann sie aber durch ein paar Merkmale unterscheiden: Jaguare sind kräftiger als Leoparden, haben einen breiteren Kopf und große, starke Kiefer. Leoparden können viel flinker auf Bäume klettern und haben einen längeren Schwanz, um sich dort oben auszubalancieren.

Leoparden erlegen ihre Beute durch einen Biss in die Kehle oder in den Nacken. Jaguare beißen ebenfalls in den Nacken – oder in den Schädel! Autsch ...

19
WIE HÖREN SICH ZEBRAS AN?

Zebras bellen – sie klingen wie ein schrill kläffender Hund. Außerdem können sie schreien wie ein Esel, nur dass es mit einem tiefen Röhren losgeht und mit einem schweineähnlichen Quieken aufhört! Zebrahengste schreien, um Stuten anzulocken, oder wenn sie genervt sind. Darüber hinaus blasen Zebras Luft durch ihre Nüstern und Lippen, das hört sich an wie ein Schnauben und Prusten.

Lass doch mal deine Lippen vibrieren, indem du Luft hindurchpustest: Pffrrrrr! So ähnlich hört sich das auch beim Zebra an.

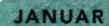

20
WARUM HABEN TIGER STREIFEN?

Tiger haben Streifen, damit andere Tiere sie nicht so leicht entdecken können. Das Streifenmuster lässt den Umriss des Tigers verschwimmen. Wenn er durch hohes Gras schleicht, könnte man ihn für einen Schatten halten. Besonders nützlich ist das bei Mondschein. Denn genau dann, in der kühlen Nacht, gehen Tiger lieber auf die Jagd als am heißen Tag. Übrigens: Würde ein Tiger sein warmes Fell verlieren, könntest du sehen, dass die Haut darunter genauso gestreift ist! Das liegt daran, dass die Wurzeln der dunkleren Haare durch die Haut schimmern.

Tigerstreifen sind wie Fingerabdrücke. Jeder Tiger auf der Welt hat ein einzigartiges Muster.

21
ÄNDERN SICH BEI LEOPARDEN IRGENDWANN DIE PUNKTE?

Ja, das tun sie! Wenn aus kleinen Leoparden große werden, verwandeln sich ihre Babypunkte in eine erwachsene Variante. Man nennt sie Rosetten, weil sie ein bisschen wie Rosen aussehen.

Im Jahr 1952 entwickelte der Mathematiker Alan Turing eine Formel, die beschrieb, wie die Punkt-, Streifen- und Wirbelmuster verschiedener Tiere entstehen. Doch er kam nie dahinter, warum sich das Fellmuster von Leopardenjungen genau so verändert, wie es sich verändert.

22
WORAUS BESTEHEN HAARE?

Haare bestehen aus einem Stoff namens Keratin. Da, wo sie unter der Haut im sogenannten Follikel wachsen, sind sie am Leben, doch das, was aus der Haut herauswächst, ist tot. Deshalb tut Haareschneiden auch nicht weh. Die Haare auf deinem Kopf können sieben Jahre lang durchhalten. Täglich fallen uns 50 bis 100 Stück aus. Sie werden ständig durch neue ersetzt, sodass wir immer ungefähr gleich viele Haare auf dem Kopf haben.

23
WIE LANGE WÜRDE ES DAUERN, BIS MEINE HAARE SO LANG SIND WIE DIE VON RAPUNZEL?

Haare wachsen jeden Monat durchschnittlich einen Zentimeter. Rapunzels Haare sind 20 Ellen lang, das sind etwa 13 Meter. Es würde also ungefähr 110 Jahre dauern, bis deine Haare so lang wären wie ihre – wenn sie nicht vorher sowieso ausfallen! Die längsten Haare überhaupt wurden bei einer Chinesin gemessen – sie hatte ihre Haare über 31 Jahre hinweg stolze 5,62 Meter lang wachsen lassen. Diese Zahl wurde 2004 ins *Guinness-Buch der Rekorde* eingetragen, also wer weiß, ob sie nicht inzwischen noch länger sind!

24
WIE BEWEGEN SICH FAHRRÄDER?
ANTWORT VON MARIA POPOVA

Fahrräder sind ein Gedicht aus Metall und Gummi, ein Triumph der Schwerelosigkeit über die Schwerkraft. Verwirklicht wurde dieser Traum im 19. Jahrhundert von dem Deutschen Karl von Drais. Es herrschte Hungersnot, die abgemagerten Pferde waren zu nichts zu gebrauchen. Um etwas für seine Mitmenschen zu tun, konstruierte der Erfinder deshalb eine Holzapparatur mit Eisenrädern, die er »Laufmaschine« nannte. Pedale hatte sie nicht, stattdessen musste man sich mit den Füßen vom Boden abstoßen. So funktionieren auch heute noch die Räder, mit denen kleine Kinder das Fahrradfahren lernen. Dieses seltsame Gefährt wurde über Jahrhunderte hinweg immer weiter verbessert. Andere Erfinder fügten Pedale hinzu, damit es sich schneller vorwärtsbewegte, dann eine Kette, um die Pedalkraft auf das Rad zu übertragen, dann aufblasbare Gummireifen für ein sanfteres Fahrgefühl, dann Gänge, damit es noch zügiger voranging. Heute kann man sich auf einem gepolsterten Dreieckssitz niederlassen, in die Pedale treten und grazil die Straße hinuntergleiten. Doch letztendlich ist es mit Fahrrädern wie mit dem Leben selbst: Du allein bestimmst, wohin es gehen soll und wie sehr du dich reinhängst, um auch dort anzukommen.

JANUAR

25
WORAUS BESTEHT FARBE?

Es gibt alle möglichen Arten von Farbe. Manche sieht man zum Beispiel auf Bildern im Museum, mit anderen malst du zu Hause oder in der Schule.

Im Lauf der Zeit haben sich die Zutaten von Farben stark verändert. Heutzutage bestehen die meisten Farben aus Pigmenten (die eigentliche Farbe) und Bindemittel (das alles zusammenhält). Bindemittel sind äußerst vielfältig: Bei Ölfarben ist es Leinöl, bei Wasserfarben Gummiarabikum, bei Acrylfarben Acrylharz, und bei einer älteren Farbe namens Eitempera kam Eigelb zum Einsatz!

Gummiarabikum wird hauptsächlich im Sudan aus bestimmten Akazienbäumen gewonnen, Leinöl stammt von der Flachs-Pflanze, Eidotter kennst du, es ist das Gelbe in der Mitte vom Ei, und Acrylharz wird chemisch hergestellt.

Es gibt Farben, die nicht mehr verwendet werden. Zum Beispiel der ursprüngliche Purpur, der aus Meeresschnecken gemacht wurde! Die Farbe Drachenblut soll angeblich aus echtem Drachenblut und Elefantenblut angemischt worden sein, in Wirklichkeit handelte es sich aber um das Harz des Drachenblutbaums. Zur Herstellung von Mumienbraun wurden ägyptische Mumien zermahlen, und Scheeles Grün enthielt giftiges Arsen. Diese Farbe könnte mit dem Tod von Napoleon I. zu tun gehabt haben, denn der hatte eine leuchtend grüne Tapete im Schlafzimmer!

JANUAR

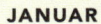

26
WIE WERDEN FARBEN HERGESTELLT?

Eine Methode ist, farbenfrohe Steine zu sammeln und zu zermahlen. Ein besonders hübscher Stein ist zum Beispiel der Lapislazuli – er ist tiefblau wie der Himmel in einer Sommernacht und manchmal durchwirkt von zarten goldfarbenen Spuren. In Afghanistan wird seit Tausenden von Jahren nach Lapislazuli gegraben, und im alten Ägypten ließ Kleopatra ihn zermahlen und daraus Lidschatten herstellen. Viele Jahrhunderte später, während der Renaissance, steckte Lapislazulipulver in der kostbarsten Farbe, die Maler wie der Italiener Leonardo da Vinci verwendeten.

27
BEKOMMT MAN VON KÄSE ALBTRÄUME?

Genau dieser Frage wollte die Britische Käsegesellschaft auf den Grund gehen. Sie forderte 200 Leute auf, britische Käsesorten zu essen und danach schlafen zu gehen. Ungefähr drei Viertel von ihnen konnten sich an ihre Träume erinnern. Albträume hatte niemand, doch anscheinend führten unterschiedliche Käsesorten zu unterschiedlichen Träumen! Bei Stilton waren es merkwürdige Träume, bei Cheddar Träume von berühmten Menschen, bei Lancashire Träume von der Arbeit. Allerdings sind 200 Testpersonen nicht gerade viele – die Ergebnisse könnten also genauso gut reiner Zufall gewesen sein …

28
WOZU SIND UNSERE ZEHEN GUT?

Mit Zehen kann man besser laufen. Beim Gehen trifft deine Ferse, also der harte, robuste Teil hinten am Fuß, zuerst auf den Boden. In der Mitte eines Schritts setzt dann der Mittelteil deines Fußes auf dem Boden auf. Dieser steckt voller Muskeln, die dazu da sind, die Ferse nach oben zu drücken, sodass du vorne auf den Zehen landest. Und die geben dir dann den Schub für den nächsten Schritt.

29
WOZU BRAUCHEN WIR ZEHENNÄGEL?

Die Nägel schützen die Oberseite unserer Zehen. Sie schirmen das Netzwerk aus Blutgefäßen, Muskeln und Haut darunter ab wie eine richtige Rüstung.

30
WELCHER PLANET UNSERES SONNENSYSTEMS WAR ALS ALLERERSTER DA?

Der Jupiter!
Unser Sonnensystem entstand vor ungefähr
4,6 Milliarden Jahren. Zunächst bildete sich die Sonne,
dann die Planeten. Jupiter war der erste.
Er ist riesengroß, seine Masse ist größer als die
aller anderen Planeten zusammen!

31
WIE LANGE TOBT DER STURM AUF DEM JUPITER SCHON?

Mit etwas Glück kannst du am Nachthimmel manchmal
den Jupiter sehen – er ist hell wie ein Stern. Mit bloßem Auge
nicht sehen kannst du den gewaltigen Wirbelsturm auf dem Jupiter.
Man nennt ihn Großer Roter Fleck.

Seit dem Jahr 1830 beobachten wir Menschen diesen Wirbelsturm,
doch bereits aus dem 17. Jahrhundert gibt es wissenschaftliche
Aufzeichnungen über einen riesigen Fleck auf dem Jupiter.
Gut möglich also, dass der Sturm schon mehr als 350 Jahre
lang tobt. Inzwischen schrumpft der Fleck jedoch,
und es könnte sein, dass sich der Sturm in den
nächsten zwanzig Jahren legen wird.

FEBRUAR

1
WIE FINDEN PINGUINE
NACH HAUSE?

2
WARUM KÖNNEN PINGUINE
NICHT FLIEGEN?

3
WARUM VERÄNDERT SICH
DAS GEFIEDER VON PINGUINBABYS,
WENN SIE GRÖSSER WERDEN?

4
WARUM GIBT ES IN POLEN
EINE WÜSTE?

5
WIE KÖNNEN WIR DIE LEUTE
DAVON ABHALTEN, BÄUME
ZU FÄLLEN?

6
WER WAR DER ERSTE COMEDIAN?

7
WAS SIND ATOME?

8
WIE ENTSTEHEN STERNE?

9
WOHER KOMMEN DIE
ELEMENTE?

10
WARUM HABEN PLANETEN
EINEN KERN?

11
WAS SIND KNOSPEN?

12
WIE HEISS IST EIN LASER?

13
WARUM BLINZELN WIR?

14
WELCHES TIER IST AM GRÖSSTEN
VON ALLEN?

15
WIE MACHEN PINGUINE GROSS?

16
WENN MAN EINEN HELIUMBALLON
LOSLÄSST, WÜRDE ER DANN
DURCH DIE ERDATMOSPHÄRE
BIS INS WELTALL AUFSTEIGEN?

FEBRUAR

17
HABEN SCHMETTERLINGE KNOCHEN?

18
WOHER KOMMEN DIE ZIEGELSTEINE, AUS DENEN MAN HÄUSER BAUT?

19
WARUM SIND HUNDE SO ZAHM?

20
WIE SCHNELL KÖNNEN HUNDE RENNEN?

21
WARUM SPRECHEN WIR MENSCHEN UNTERSCHIEDLICHE SPRACHEN?

22
WARUM WERDEN INSEKTEN VON GELBEN KLAMOTTEN ANGELOCKT?

23
IST AUF DEM MOND IRGENDWAS?

24
WOHER WUSSTE MAN IN ALTEN ZEITEN, WIE ES IN UNS DRIN AUSSIEHT?

25
WOFÜR IST DER BLINDDARM GUT?

26
WARUM IST TUTANCHAMUN SCHON ALS KIND KÖNIG GEWORDEN, UND WIE IST ER UMGEKOMMEN?

27
WARUM SIEHT MAN REHE TAGSÜBER SO SELTEN?

28
WARUM GIBT ES SCHALTJAHRE?

29
WIE ALT IST MAN, WENN MAN AM 29. FEBRUAR GEBURTSTAG HAT?

FEBRUAR

1
WIE FINDEN PINGUINE NACH HAUSE?

Wenn es für Pinguine Zeit wird, eine eigene Familie zu gründen, kehren sie zum ersten Mal an ihren Geburtsort zurück. Von da an machen sie sich Jahr für Jahr auf den Weg dorthin, zum selben Erdloch oder Nistplatz. Ihren Weg finden sie mithilfe verschiedener Sinne. Wie andere Vögel orientieren sie sich wohl an unsichtbaren Mustern auf unserem Planeten. Ein solches Muster ist das Magnetfeld der Erde – das übrigens auch dafür sorgt, dass die Nadel eines Kompasses stets nach Norden weist. Über dieses Magnetfeld finden Pinguine zur richtigen Gegend. Auf dem letzten Stück verlassen sie sich dann auf ihren Geruchs- und Sehsinn, um ihr Nest ausfindig zu machen.

2
WARUM KÖNNEN PINGUINE NICHT FLIEGEN?

Das hat verschiedene Gründe: Erstens sind ihre Knochen genauso kräftig wie meine und deine. Die Knochen flugfähiger Vögel sind aufgebaut wie Bienenwaben und deshalb leicht genug, um damit vom Boden abzuheben. Die harten, kräftigen Knochen von Pinguinen taugen dagegen eher zum flinken Tauchen und Schwimmen. Zweitens haben Pinguinflügel nicht die passende Form zum Fliegen. Im Lauf der Zeit haben sie sich zu richtigen Schwimmflossen entwickelt. Pinguine fliegen eben lieber durchs Wasser!

FEBRUAR

3
**WARUM VERÄNDERT SICH
DAS GEFIEDER VON PINGUINBABYS,
WENN SIE GRÖSSER WERDEN?**

Die meisten Pinguinbabys schlüpfen mit einem kuschelweichen braunen oder grauen Federkleid, damit es die Küken schön warm haben. Solange sie von ihren Eltern an Land mit Fischen gefüttert werden, brauchen sie kein wasserdichtes Gefieder. Doch wenn die Kinder so groß sind, dass sie auf sich selbst aufpassen können, kehren ihre Eltern wieder ins Meer zurück, und dort sind wasserdichte Federn ein Muss! Also legen die Kleinen ihr flauschiges Kleid ab. Stattdessen wachsen ihnen schwarz-weiße Erwachsenenfedern, die innen warm und außen wasserdicht sind. Damit können sie selbst schwimmen und Fische fangen gehen!

FEBRUAR

4
WARUM GIBT ES IN POLEN EINE WÜSTE?

Eine Wüste in einem Land voller Seen und Wälder? Schon komisch. Doch wie ist es dazu gekommen? Na, wir Menschen sind schuld! Im 13. Jahrhundert wurden in einer bestimmten Gegend Polens Wälder gerodet, um Silber und Blei zu fördern und damit Geld zu verdienen. Unter den Bäumen befanden sich dicke Sandschichten, die Gletscher in der Eiszeit mitgebracht hatten. Nachdem im Mittelalter alle Bäume abgeholzt worden waren, blieb die Sandwüste. Doch nach und nach wachsen dort wieder Pflanzen.

Manche Leute sind dafür, die Wüste wieder zu begrünen. Andere wollen sie erhalten, weil sie in ihren Augen inzwischen ein einzigartiger Teil Polens ist.

5
WIE KÖNNEN WIR DIE LEUTE DAVON ABHALTEN, BÄUME ZU FÄLLEN?

Die meisten Bäume werden gefällt, um auf dem Boden stattdessen Getreide anzubauen oder um aus den Bäumen Bauholz zu gewinnen. In den Städten weichen Bäume immer wieder neuen Gebäuden und Straßen. Doch in etlichen Ländern müssen zumindest die Leute, die dort wohnen, zuvor über die Baumfällung informiert werden. Falls du mitkriegst, dass einigen Bäumen in deiner Nähe die Axt droht, schreib doch eine E-Mail an die Stadt oder Gemeinde und frage nach, ob das wirklich nötig ist!

Ganze Wälder werden abgeholzt, damit dort Vieh grasen oder Palmöl, Kaffee und Schokolade angebaut werden können. Oder weil aus dem Holz Papier und andere Dinge hergestellt werden. Wer Bäume schützen will, sollte weniger Fleisch essen, keine Produkte mit Palmöl kaufen und jeden Fetzen Papier in Ehren halten. Man kann auf beiden Seiten schreiben oder drucken und aus alten Blättern etwas basteln!

FEBRUAR

Ab dem Mittelalter genossen überall in Europa Hofnarren Narrenfreiheit bei ihren Scherzen über Fürsten und Könige. Einer der berühmtesten lebte im 18. Jahrhundert und trug den passenden Namen Joseph Fröhlich.

6
WER WAR DER ERSTE COMEDIAN?

Die ersten Comedians oder Komiker überhaupt waren vermutlich Clowns und Narren. Joseph Grimaldi, der im 19. Jahrhundert lebte, gilt als einer der ersten Clowns, wie wir sie heute kennen. Doch bereits lange zuvor gab es Menschen, die man als Komiker bezeichnen kann. Aus dem alten China sind die ulkigen Aktionen einiger Narren mit den tollsten Namen überliefert – sie hießen zum Beispiel Verdrehter Pfahl, Beweglicher Eimer oder Blitzblank Polierter Spiegel. In Großbritannien wiederum stand die Närrin Jane Foole in Diensten von Queen Mary, und im 12. Jahrhundert amüsierte sich König Heinrich II. über Roland den Furzer, der gleichzeitig pupste, pfiff und Luftsprünge machte.

Wer genau der erste Komiker war, wird man wahrscheinlich nie herausfinden. Doch wir sollten allen Komikerinnen und Komikern dankbar sein, dass sie uns zum Lachen bringen! Wie wär's, wenn du dir selbst mal einen Witz ausdenkst?

7
WAS SIND ATOME?

Atome sind winzige Bausteine, aus denen alles zusammengesetzt ist. Atome selbst bestehen aus einem Kern, in dem Protonen und Neutronen stecken, und drumherum schwirren Elektronen. Damit sind Atome im Grunde hauptsächlich leerer Raum. Und doch besteht alles, was es auf der Welt gibt, aus Materie, und Materie wiederum besteht aus Atomen! Das Wort »Atom« stammt übrigens aus dem Griechischen und bedeutet »unteilbar«, weil man früher dachte, man könnte Atome nicht in kleinere Teile aufspalten. Kann man aber sehr wohl!

In einen einzigen Punkt wie diesen hier ».« passen zehn Millionen Atome!

8
WIE ENTSTEHEN STERNE?

Sterne sind wie Menschen: Sie werden geboren, sie existieren und sie sterben. In Größe, Farbe und Temperatur unterscheiden sich die Sterne voneinander, doch am Anfang steht stets eine gigantische Wolke aus Staub und Gas. Über etliche Millionen Jahre schrumpft und dreht sich diese Wolke und wird dabei immer heißer. Irgendwann, wenn die Hitze und der Druck in ihrem Zentrum zu groß werden, kommt es zu einer sogenannten Kernreaktion, und ein neuer Stern erstrahlt!

9
WOHER KOMMEN DIE ELEMENTE?

Das Universum entstand durch eine riesige Explosion: den Urknall. Beim Urknall bildeten sich vier Elemente: Wasserstoff, Helium, Lithium und Beryllium. Und die übrigen Elemente? Die stammen aus den Sternen! Im Zentrum eines Sterns, wo es irrsinnig heiß ist, werden Wasserstoffatome zusammengeklatscht und dadurch Heliumatome erzeugt. Wird der Stern dann älter, bringt er auch andere Elemente hervor, etwa Kohlenstoff, Neon, Sauerstoff, Silizium und Eisen. Und besonders große Sterne verabschieden sich schließlich mit einer Supernova – einer gewaltigen Explosion, die so viel Energie freisetzt, dass sich all die anderen Elemente bilden. Die werden dann weithin im Weltall verstreut … und als darin irgendwann die Erde entstand, enthielt sie bereits all diese Elemente. Das bedeutet: Auch DU bestehst aus Sternenstaub!

10
WARUM HABEN PLANETEN EINEN KERN?

Die meisten Planeten entstehen aus Staub- und Gasresten von der Geburt eines Sterns. Eis, Gestein und Metall ballen sich wie ein Schneeball zu einem immer größeren Klumpen zusammen. Wird der Klumpen richtig groß, kann er innen schmelzen – dann sacken die schweren Bestandteile, etwa das Metall, zur Mitte und bilden den Planetenkern. Alles, was leichter ist, zum Beispiel Wasser, bleibt derweil an der Oberfläche.

FEBRUAR

11
WAS SIND KNOSPEN?

Manche winzig kleinen Bestandteile von Bäumen – man nennt sie Zellen – können sich beim Wachsen verändern und Knospen bilden. Ob aus einer Knospe ein neuer Zweig, ein Blatt oder eine Blüte hervorgeht, das hängt von der Art der Pflanze ab, von ihrem Standort und der Jahreszeit.

12
WIE HEISS IST EIN LASER?

Laserstrahlen bestehen aus klitzekleinen Lichtteilchen, den Photonen – und die haben überhaupt keine Temperatur! Doch wenn sie auf etwas treffen, kann sich dieses Etwas enorm aufheizen. 2012 wurde in einem Experiment der stärkste Laser der Welt auf ein Stück Aluminium abgefeuert, das daraufhin zwei Millionen Grad Celsius heiß wurde. Für einen Moment gab es auf der ganzen Welt nichts Heißeres!

13
WARUM BLINZELN WIR?

Um unsere Augen zu reinigen – es ist so ähnlich, wie ein Auto durch die Waschanlage zu fahren, nur viel schneller! Ein Blinzeln dauert ungefähr eine Zehntelsekunde, und es passiert andauernd, ohne dass wir darüber nachdenken. Beim Blinzeln verteilen die Lider Fett und Schleim auf den Augäpfeln. Dadurch trocknen die nicht aus. Außerdem entfernt Blinzeln Staub aus den Augen und schützt sie vor grellem Licht.

14
WELCHES TIER IST AM GRÖSSTEN VON ALLEN?

Auf der Erde hat nie ein größeres Tier gelebt als der Blauwal. Er kann so viel wiegen wie 25 Afrikanische Elefantenbullen und damit wahrscheinlich doppelt so viel wie die schwersten Dinosaurier! Das Herz ausgewachsener Blauwale ist beinahe so groß wie ein kleines Auto, und in das Blutgefäß, das dorthin führt, würde der Kopf eines Menschen hineinpassen!

15
WIE MACHEN PINGUINE GROSS?

Jedenfalls nicht so gerne in ihrem Nest! Deshalb stellen sich manche Pinguine, zum Beispiel der Adelie- und der Zügelpinguin, dazu auf den Rand ihres Nests und katapultieren ihren Kot weit weg – bis zu 40 Zentimeter!

16
WENN MAN EINEN HELIUMBALLON LOSLÄSST, WÜRDE ER DANN DURCH DIE ERDATMOSPHÄRE BIS INS WELTALL AUFSTEIGEN?

Leider nein. Ungefähr zehn Kilometer über dem Erdboden würde er platzen. Während er in die Höhe steigt, dehnt sich das Gas in seinem Inneren immer weiter aus, weil der Luftdruck von außen sinkt. Dadurch macht es irgendwann *peng*!

FEBRUAR

17
HABEN SCHMETTERLINGE KNOCHEN?

Schmetterlinge haben zwar keine Knochen, aber trotzdem ein Skelett, und zwar außen an ihrem Körper! Dieses *Exoskelett* schützt ihr verletzliches Innenleben. Es besteht nicht aus Knochen, sondern aus einem Material namens Chitin. Am Bauch ist dieses »Außenskelett« besonders dick und aus zehn Teilen zusammengesetzt, die ineinandergreifen wie eine Rüstung. An den Flügeln ist das Chitin leicht und dünn, man könnte es für eine Staubschicht halten. Nur so kann der Schmetterling fliegen. Sein Kopf ist dagegen von einer harten Hülle umschlossen, die sein Gehirn schützt wie unser Schädel unseres.

18
WOHER KOMMEN DIE ZIEGELSTEINE, AUS DENEN MAN HÄUSER BAUT?

Vermutlich wurden Ziegelsteine ungefähr 7000 Jahre v. Chr. erfunden. Die ältesten hat man in der Türkei und bei der palästinensischen Stadt Jericho entdeckt. Sie bestanden aus Schlamm, der in der Sonne getrocknet und ausgehärtet war. Im alten Ägypten wurden Ziegelsteine aus einer Lehm-Stroh-Mischung angefertigt. Die Römer wiederum stellten sie aus rotem oder weißem Lehm her und brannten sie in tragbaren Öfen. Bis in die 1850er-Jahre hinein wurden Ziegelsteine von Hand geformt, dann kamen die ersten Maschinen, die täglich Tausende davon ausspuckten!

19
WARUM SIND HUNDE SO ZAHM?

Heutzutage gibt es Hunde in allen Größen, Farben und Formen. Sie sind beliebte Haustiere. Und der Urahn jedes einzelnen von ihnen ist der Wolf. Wahrscheinlich ging es vor 14 000 Jahren los – mit Menschen, die sich um alleingelassene Wolfsjunge kümmerten. Im Lauf der Zeit wurden die Wölfe so gezüchtet, dass sie leichter zu halten waren: Sie wurden domestiziert. Hunde waren einfach praktisch: Sie halfen beim Schafehüten und auf der Jagd oder bewachten das Haus. Und was hatten die Hunde davon? Sie bekamen dafür Futter, einen Schlafplatz und jede Menge Streicheleinheiten!

20
WIE SCHNELL KÖNNEN HUNDE RENNEN?

Am schnellsten sind die Windhunde – Greyhounds schaffen bis zu 80 Kilometer pro Stunde und sind damit viel schneller als Usain Bolt, einer der schnellsten Menschen! Trotz ihrer kurzen Beine sind auch Jack Russell Terrier sehr flott unterwegs. Möpse und Bulldoggen kriegen durch ihre platten Nasen hingegen zu schlecht Luft, um schnell zu laufen. Am gemütlichsten ist wohl der Basset, der bringt es nur auf 8 bis 16 km/h. Doch ganz gleich, in welchem Tempo, alle Hunde gehen gerne ausgiebig Gassi!

FEBRUAR

21
WARUM SPRECHEN WIR MENSCHEN UNTERSCHIEDLICHE SPRACHEN?

Hello!

Heutzutage werden auf der Erde ungefähr 7000 verschiedene Sprachen gesprochen.

Die Linguistik – die Wissenschaft von der Sprache – kann nicht genau sagen, wann sich die ersten Menschen richtige Wörter ausdachten, anstatt sich auf Laute und Gesten zu beschränken. Eins ist aber sicher: Sprache wurde entwickelt, um sich besser verständigen zu können.

Hola!

Ein Grund dafür, dass es so viele verschiedene Sprachen gibt, ist die Migration – also dass Menschen von einem Ort an einen anderen ziehen.

Ciao!

Aller Wahrscheinlichkeit nach lebten die ersten Menschen auf der Landmasse, die später zum Kontinent Afrika wurde. Von dort aus verbreiteten sie sich überallhin, und mit der Zeit wandelte sich dadurch ihre Sprache.

Nǐ hǎo!

FEBRUAR

Es verschlug die Menschen in ganz verschiedene Gegenden. Sie lernten ein vollkommen anderes Wetter kennen, andere Tiere, Landschaften und Pflanzen. Um über diese neue Umgebung sprechen zu können, brauchten sie neue Wörter.

Alle Sprachen leben. Das heißt, sie sind ständig in Bewegung. Und wie sie sich verändern, darüber entscheiden die Menschen, die eine Sprache sprechen.

Manche Sprachen, zum Beispiel das Lateinische, werden nicht mehr gesprochen. Doch wir wissen von ihnen, weil sie aufgeschrieben wurden.

Bonjour!

Traurig, aber wahr: Es gehen uns ständig Sprachen verloren. Ainu, die Sprache des Volks der Ainu von der Insel Hokkaidō im Norden Japans, sprechen vermutlich nicht einmal mehr zehn Menschen.

Guten Tag!

FEBRUAR

22
WARUM WERDEN INSEKTEN VON GELBEN KLAMOTTEN ANGELOCKT?

Weil sie glauben, es wären gelbe Blüten! Insekten wissen, dass farbenfrohe Blüten leckeren Nektar enthalten. Gelb ist eine leuchtende Farbe, die auch bei trübem Wetter von Fliegen und Blattläusen gut zu sehen ist. Aus demselben Grund sind auch Klebefallen für Insekten gelb.

23
IST AUF DEM MOND IRGENDWAS?

Auf dem Mond befinden sich die Stiefelabdrücke der Astronauten, die auf seiner Oberfläche einen Spaziergang gemacht haben. Dort werden sie auch noch Millionen Jahre bleiben. Außerdem haben die Astronauten der Mondmissionen zwei Golfbälle, technische Ausrüstung, Medaillen, Fahrzeuge und eine Scheibe mit Botschaften von vier US-Präsidenten und 73 weiteren Staatsoberhäuptern zurückgelassen. Die Scheibe ist so groß wie eine größere Münze und kann nur per Mikroskop entziffert werden. Darüber hinaus haben die Astronauten ein paar Tüten mit ihren Ausscheidungen auf dem Mond deponiert – igitt!

Stuart Roosa von der Mission Apollo 14 nahm Baumsamen mit auf die Reise. Nach seiner Rückkehr wurden die Samen in alle Welt verschenkt und dort eingepflanzt. Diese »Mondbäume« wachsen nun genauso wie gute alte Erdenbäume, aber hey, ihre Samen sind bis zum Mond geflogen!

FEBRUAR

24
WOHER WUSSTE MAN IN ALTEN ZEITEN, WIE ES IN UNS DRIN AUSSIEHT?

Auch wenn es sich ein bisschen gruselig anhört: Schon früh schnitten Wissenschaftler die Körper von Toten auf, um herauszufinden, was drinsteckt. Dann schrieben sie Bücher über ihre Erkenntnisse, damit andere sich schlaumachen konnten, ohne dass jeder selbst eine Leiche aufschneiden musste. Die älteste Einrichtung für das Studium des menschlichen Körpers, also der Anatomie, befand sich im ägyptischen Alexandria. Sie wurde um 300 v. Chr. gegründet – und dort wurden die toten Körper von Verbrechern untersucht!

Der berühmte Künstler Leonardo da Vinci setzte sich intensiv mit der Anatomie des Menschen auseinander. Ihm gelang die erste realistische Zeichnung einer Wirbelsäule.

25
WOFÜR IST DER BLINDDARM GUT?

Bei uns Menschen ist der Blinddarm eine kleine, dünne Röhre am Ende des Darms. Wahrscheinlich handelt es sich um ein Überbleibsel aus Zeiten, als wir noch einen zusätzlichen Darmteil zur Zerkleinerung zäher Nahrungsmittel benötigten. Der Blinddarm kann von einer fiesen Entzündung befallen werden. Wer ins All fliegen oder zu einer Expedition aufbrechen will, lässt ihn sich häufig vorsorglich entfernen, damit das nicht gerade passiert, wenn das nächste Krankenhaus ewig weit weg ist. Neuerdings glaubt man jedoch, dass der Blinddarm doch nicht so unnütz ist wie gedacht. Er könnte zur Abwehr von Krankheiten beitragen.

FEBRUAR

26
WARUM IST TUTANCHAMUN SCHON ALS KIND KÖNIG GEWORDEN, UND WIE IST ER UMGEKOMMEN?

Da Tutanchamun vor über 3300 Jahren lebte, können wir uns da nicht wirklich sicher sein. Soweit wir wissen, war er der Sohn des Pharao Echnaton. Nach dessen Tod sollte Tutanchamun den Thron erben – weil er aber erst neun Jahre zählte, herrschte wohl ein Erwachsener in seinem Namen, bis er groß genug war. Tutanchamun selbst war etwa neun Jahre lang an der Macht. Die Untersuchung seiner Mumie hat ergeben, dass er an der Krankheit Malaria litt.

FEBRUAR

Einer Theorie zufolge ließ ihn sein Berater Eje ermorden, der nach Tutanchamuns Tod Pharao wurde. Als wahrscheinlicher gilt jedoch, dass Tutanchamun eines natürlichen Todes starb. Wie an seinem Skelett zu erkennen ist, hatte er sich kurz zuvor schlimm das Bein gebrochen. Das Bein entzündete sich, und damals, als es noch keine Antibiotika gab, konnte man an so etwas sterben. Zusammen mit seiner Malariaerkrankung führte dies vermutlich zu seinem Tod.

27
WARUM SIEHT MAN REHE TAGSÜBER SO SELTEN?

Rehe sind am liebsten frühmorgens unterwegs, wenn gerade die Sonne aufgeht, und abends kurz vor Sonnenuntergang. Zu diesen Tageszeiten, wenn es weder richtig hell noch richtig dunkel ist, herrscht Dämmerung – und Tiere, die genau dann aktiv sind, bezeichnet man als dämmerungsaktiv.

In Kanada sind die meisten Rehe dämmerungsaktiv, aber gelegentlich auch tagaktiv. Das heißt, sie kommen manchmal auch tagsüber in Gang.

In den Niederlanden sind die meisten Rehe dämmerungs- und nachtaktiv, tagsüber lassen sie sich also kaum blicken. Woher diese Unterschiede kommen? Hauptsächlich davon, dass sich mancherorts bei Tag haufenweise Menschen herumtreiben, auch Jäger – da wagen sich die Rehe lieber erst nachts raus!

FEBRUAR

28
WARUM GIBT ES SCHALTJAHRE?

Wenn die Erde für eine Umrundung der Sonne exakt 365 Tage brauchen würde, hätte jedes Jahr genau gleich viele Tage. Sie braucht allerdings ein klein wenig länger, nämlich 365,25 Tage. Damit bleiben jedes Jahr rund sechs Stunden übrig – und weil der Kalender dadurch alle vier Jahre um einen Tag hinterherhinkt, bekommt jedes vierte Jahr einen Zusatztag verpasst. Deswegen hat der Februar alle vier Jahre, im sogenannten Schaltjahr, nicht 28, sondern 29 Tage. So gleicht sich das Ganze wieder aus.

29
WIE ALT IST MAN, WENN MAN AM 29. FEBRUAR GEBURTSTAG HAT?

Wenn du am 29. Februar geboren wurdest, könntest du deinen Geburtstag theoretisch *nur* an diesem Datum feiern – und behaupten, dass dein Alter der Anzahl der Schaltjahre entspricht, die du erlebt hast. So hat die US-Amerikanerin Daisy Belle, die eigentlich schon hundert Jahre alt war, am 29. Februar 2016 ihren 25. Schaltjahrgeburtstag gefeiert! Oder du feierst deinen Geburtstag einfach am 28. Februar oder am 1. März, wenn nun einmal kein Schaltjahr ist …

Auf der Welt leben rund fünf Millionen Schaltjahrkinder!

MÄRZ

1
WARUM TRÄUMEN WIR?

2
WARUM ERINNERT MAN SICH AN MANCHE TRÄUME UND AN ANDERE NICHT?

3
WIE VIEL PLASTIK SCHWIMMT IM MEER?

4
WARUM LAUFEN TRÄNEN AUS DEN AUGEN, WENN MAN TRAURIG IST?

5
WARUM LÄUFT UNS BEIM WEINEN SCHLEIM AUS DER NASE?

6
WIE HOCH KÖNNEN HUMMELN FLIEGEN?

7
WIE FRESSEN GRASHÜPFER?

8
WARUM HABEN MARIENKÄFER PUNKTE?

9
WIE VIELE VERSCHIEDENE SCHMETTERLINGE GIBT ES AUF DER WELT?

10
WAS IST TAU?

11
WER HAT DAS TRAMPOLIN ERFUNDEN?

12
WARUM FLIEGT MAN DURCH DIE FEDERN AM TRAMPOLIN SO HOCH?

13
WIE HOPPELN KANINCHEN?

14
WIE UNTERSCHEIDEN SICH LANDSCHILDKRÖTEN, WASSERSCHILDKRÖTEN UND MEERESSCHILDKRÖTEN?

15
WIE NEHMEN WIR VERSCHIEDENE GESCHMACKS-RICHTUNGEN WAHR?

MÄRZ

16
WARUM SCHMECKT ESSEN ANDERS, WENN MAN ERKÄLTET IST?

17
WELCHES TIER SIEHT AM SELTSAMSTEN AUS?

18
WARUM FLIEGEN RAKETEN ZU ANDEREN PLANETEN?

19
WIE TIEF IST DER LÄNGSTE FLUSS DEUTSCHLANDS?

20
WARUM HÄUTEN SICH SCHLANGEN?

21
WARUM HABEN ROSEN DORNEN?

22
WARUM HABEN BAUMFRÖSCHE ROTE AUGEN?

23
KÖNNEN EULEN ULTRA-VIOLETTES LICHT SEHEN?

24
WIE WERDEN WÖRTERBÜCHER GEMACHT?

25
WARUM HABEN TINTENFISCHE DREI HERZEN?

26
SIND KÜHE WIRKLICH SCHULD AN DER ERDERWÄRMUNG?

27
WARUM SIND PFLANZEN GRÜN?

28
WARUM PUPSEN WIR?

29
WIE SEHEN UNSERE AUGEN?

30
WARUM SIND BÄUME SO WICHTIG?

31
WARUM KRIEGEN SPECHTE KEIN KOPFWEH?

1
WARUM TRÄUMEN WIR?
ANTWORT VON DAVID EAGLEMAN

Manche Wissenschaftlerinnen und Wissenschaftler vermuten, dass wir im Traum alles Mögliche ausprobieren, bevor wir es im echten Leben versuchen – etwa zu kämpfen oder bestimmte Probleme zu lösen. Damit wären Träume eine Art Testlauf, so wie die Probe vor der Aufführung eines Theaterstücks. Aber vielleicht ist ja alles auch ganz anders …

Wie man erst vor Kurzem herausgefunden hat, können die verschiedenen Teile des Gehirns Aufgaben von anderen Hirnregionen übernehmen. Wird man blind, wird das Gebiet, das für die Sehkraft zuständig war, von den Nachbarn »erobert« und dient ab sofort dem Tastsinn oder dem Gehör. So etwas kann sehr schnell gehen: Wenn man jemandem die Augen verbindet und die Gehirnströme misst, reagieren die Sehkraft-Regionen schon eine Stunde später auf Berührungen und Geräusche.

Das könnte wiederum mit den Träumen zusammenhängen: Vielleicht sollen sie die Sehrinde, die im Gehirn für das Sehen zuständig ist, davor bewahren, von anderen Sinnen vereinnahmt zu werden. Dann würde das Gehirn die Sehrinde gezielt auf Trab halten, damit ihr in den dunklen Nachtstunden nicht langweilig wird – und wir sehen Traumbilder.

2
WARUM ERINNERT MAN SICH AN MANCHE TRÄUME UND AN ANDERE NICHT?

Das hängt davon ab, in welcher Phase des Schlafs du beim Aufwachen gewesen bist. Wenn du noch sehr müde warst und mitten im Nachtschlaf gesteckt hast, schlummerst du wahrscheinlich einfach wieder ein und vergisst deine Träume. Oder du erinnerst dich nur an Spuren davon, etwa an ein Gefühl. Wenn du ausgeschlafen warst und bereit, in den Tag zu starten, kannst du dich in der Regel deutlich besser erinnern, wenn auch nicht an jedes Detail.

Wenn du einen Traum vergessen hast, keine Sorge! Falls dein Gehirn findet, dass du ihn unbedingt mitkriegen solltest, wirst du ihn einfach immer und immer wieder träumen.

MÄRZ

3
WIE VIEL PLASTIK SCHWIMMT IM MEER?

Man geht davon aus, dass praktisch jede Minute ein ganzer Mülllaster voll Plastik in die Weltmeere gekippt wird. Wenn das so weitergeht, wird das Plastik darin im Jahr 2050 mehr wiegen als alle Fische zusammen!

Das meiste Plastik, das nicht wiederverwertet wird, landet früher oder später im Meer. Dabei zerfallen größere Stücke zu Mikroplastik – das Ergebnis ist eine Plastiksuppe aus Miniteilchen, die nie mehr verschwinden und die man auch nicht herausfischen kann. In den Ozeanen schwimmen gewaltige Plastikstrudel, zum Beispiel der Große Pazifische Müllteppich im Nordpazifik. Er ist dreimal so groß wie Frankreich.

Plastik ist giftig und kann von Tieren nicht verdaut werden. Manche Meeresschildkröten, die im Großen Pazifischen Müllteppich leben, nehmen zu 74 Prozent Plastik zu sich. Durch Plastik verbreiten sich außerdem Krankheiten, die Korallenriffe zerstören – und in diesen Riffen ist ein Viertel aller Meeresbewohner zu Hause.

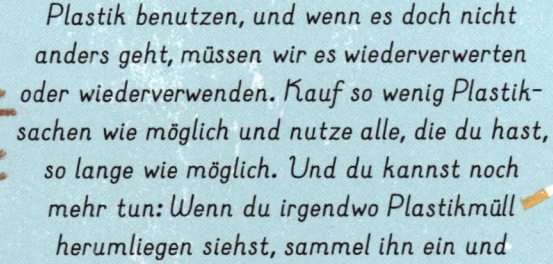

Es ist allgemein bekannt, wie schwer Plastik zu entsorgen ist. Deshalb sollten wir weniger Plastik benutzen, und wenn es doch nicht anders geht, müssen wir es wiederverwerten oder wiederverwenden. Kauf so wenig Plastiksachen wie möglich und nutze alle, die du hast, so lange wie möglich. Und du kannst noch mehr tun: Wenn du irgendwo Plastikmüll herumliegen siehst, sammel ihn ein und wirf ihn in die Plastiktonne!

4
WARUM LAUFEN TRÄNEN AUS DEN AUGEN, WENN MAN TRAURIG IST?

Tränen werden aus drei Gründen hergestellt: um die Augen zu reinigen, um sie feucht zu halten und weil wir etwas empfinden – Trauer, Stress, Schmerz oder auch großes Glück. Sie enthalten ein natürliches Schmerzmittel mit dem schicken Namen Leu-Enkephalin. Geht es dir schlecht, kann es durchs Weinen also wirklich besser werden! Wenn das Nervensystem ein Gefühl wie Trauer bemerkt, produziert ein Teil deines Gehirns ein kleines Molekül, das deinen Augen befiehlt, die Tränen fließen zu lassen.

5
WARUM LÄUFT UNS BEIM WEINEN SCHLEIM AUS DER NASE?

Tränen kommen aus den Tränendrüsen, die sich direkt unter den Augenlidern befinden. Die Tränen, die nicht außen die Wange hinunterrinnen, laufen durch kleine Lücken in den Drüsen in die Nase. Aus der fließen sie dann mit Schnodder vermischt wieder hinaus – und du brauchst ein Taschentuch!

6
WIE HOCH KÖNNEN HUMMELN FLIEGEN?

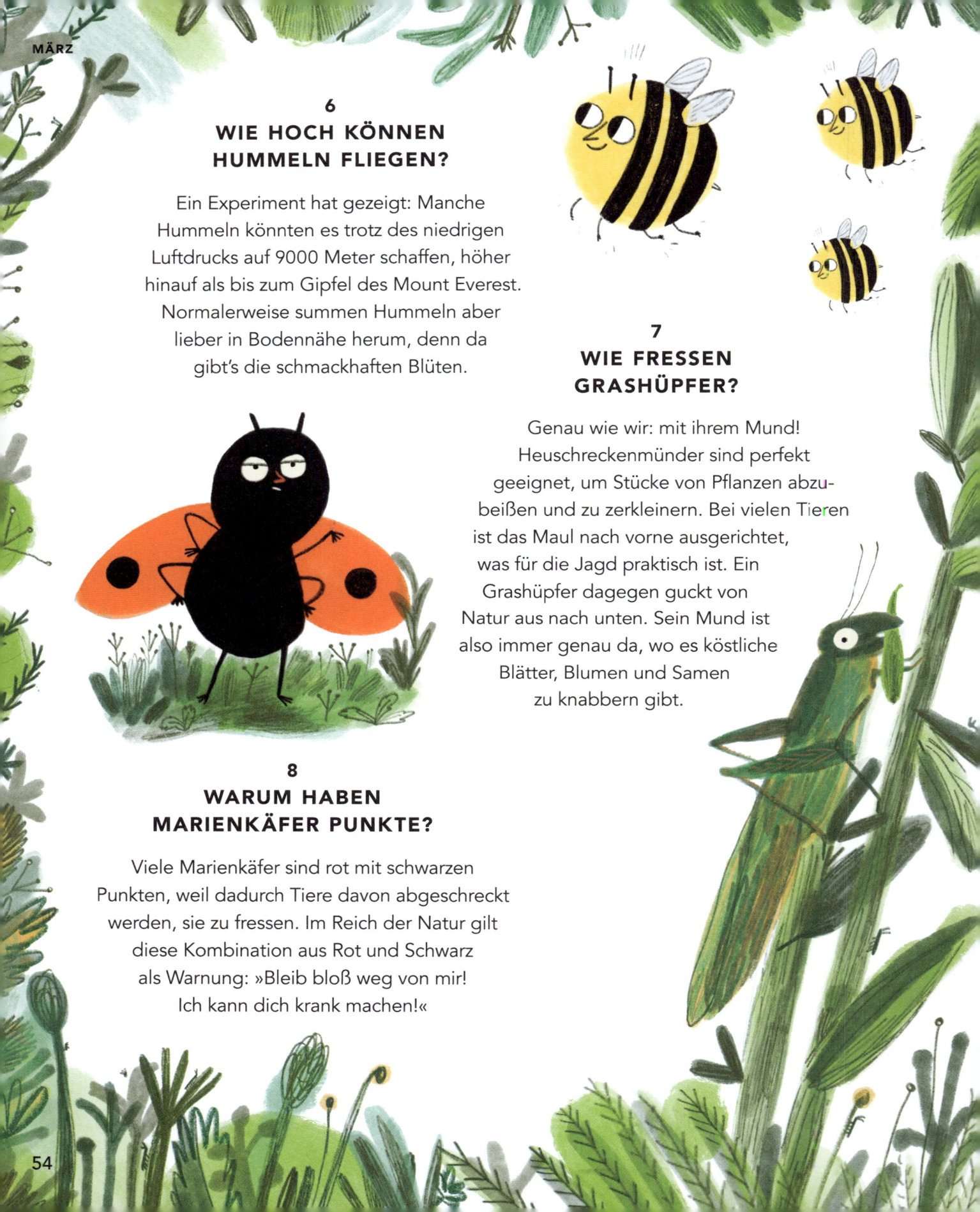

Ein Experiment hat gezeigt: Manche Hummeln könnten es trotz des niedrigen Luftdrucks auf 9000 Meter schaffen, höher hinauf als bis zum Gipfel des Mount Everest. Normalerweise summen Hummeln aber lieber in Bodennähe herum, denn da gibt's die schmackhaften Blüten.

7
WIE FRESSEN GRASHÜPFER?

Genau wie wir: mit ihrem Mund! Heuschreckenmünder sind perfekt geeignet, um Stücke von Pflanzen abzubeißen und zu zerkleinern. Bei vielen Tieren ist das Maul nach vorne ausgerichtet, was für die Jagd praktisch ist. Ein Grashüpfer dagegen guckt von Natur aus nach unten. Sein Mund ist also immer genau da, wo es köstliche Blätter, Blumen und Samen zu knabbern gibt.

8
WARUM HABEN MARIENKÄFER PUNKTE?

Viele Marienkäfer sind rot mit schwarzen Punkten, weil dadurch Tiere davon abgeschreckt werden, sie zu fressen. Im Reich der Natur gilt diese Kombination aus Rot und Schwarz als Warnung: »Bleib bloß weg von mir! Ich kann dich krank machen!«

MÄRZ

9
WIE VIELE VERSCHIEDENE SCHMETTERLINGE GIBT ES AUF DER WELT?

Auf der Erde gibt es ungefähr 17 500 Schmetterlingsarten. Benannt sind sie häufig nach der Form ihrer Flügel, nach ihren Farben oder Mustern. Der Schwalbenschwanz hat zwei flügelartige Schwänzchen, der Würfelfalter hat würfelartige Flecken auf den Flügeln, und Dickkopffalter haben einen richtigen Dickschädel!

10
WAS IST TAU?

Wenn du frühmorgens über eine Wiese gehst, ist das Gras manchmal überzogen von Wassertröpfchen – das ist der Tau. Auch auf den Blättern von Pflanzen und Bäumen kann man ihn entdecken. Er bildet sich, wenn Wasserdampf, also in der Luft verdunstetes Wasser, abkühlt. Dadurch wird der Dampf wieder zu Wasser, das sich tröpfchenweise auf kalten Oberflächen absetzt.

MÄRZ

11
WER HAT DAS TRAMPOLIN ERFUNDEN?

Die Idee hinter dem Trampolin geistert bereits seit Tausenden von Jahren durch die Welt. So lassen die Inuit ihre Kinder schon sehr lange auf Walrosshäuten in die Luft fliegen! Doch das Trampolin, wie du es kennst, ist eine Erfindung des Turners George Nissen. Die Idee dazu kam ihm 1930, mit gerade mal 16 Jahren, nachdem er im Zirkus Trapezkünstler bestaunt hatte. Er experimentierte mit einem Segeltuch, das in einem Rahmen aufgespannt war. Als er später mithilfe seines Sportlehrers Halterungen aus Sprungfedern und alten Autoschläuchen anbrachte, war das moderne Trampolin geboren!

George Nissen und sein Lehrer benannten ihre Erfindung nach dem spanischen Wort für »Sprungbrett«: trampolin.

12
WARUM FLIEGT MAN DURCH DIE FEDERN AM TRAMPOLIN SO HOCH?

Die Sprungfedern zwischen dem Trampolintuch und dem Rahmen erledigen praktisch die ganze Arbeit. Wenn du nach einem Sprung aufkommst, drückt dein Körpergewicht das Tuch nach unten, und die Federn werden gedehnt. Nach den Gesetzen der Physik, genauer gesagt nach dem hookeschen Gesetz, will eine gedehnte Feder sofort in ihren Ausgangszustand zurückkehren. Nach der Landung ziehen sich die Federn also wieder zusammen und reißen dadurch das Tuch nach oben. Und genau diese Bewegung schleudert dich in die Luft!

MÄRZ

Feldhasen haben erstaunlich viel Power in den Beinen – auf der Flucht sprinten sie mit bis zu 70 km/h!

13
WIE HOPPELN KANINCHEN?

Kaninchen können so gut hüpfen und hoppeln, weil sie so lange, kräftige Beine haben. Ein einziges Abstoßen mit ihren Hinterbeinen katapultiert sie weit nach vorne. Bei der Landung balancieren ihre Vorderbeine den Körper aus, während die Hinterbeine schon wieder vorwärtsschnellen.

14
WIE UNTERSCHEIDEN SICH LANDSCHILDKRÖTEN, WASSERSCHILDKRÖTEN UND MEERESSCHILDKRÖTEN?

Die einen leben an Land, die anderen teilweise im Wasser beziehungsweise im Meer – wer hätte das gedacht! Landschildkröten halten es in den unterschiedlichsten Gegenden aus, in der Wüste wie im feuchten Regenwald. Doch weil sie nicht so gut schwimmen können, sind sie ziemlich wasserscheu.

Voneinander unterscheiden kann man Land-, Wasser- und Meeresschildkröten schon durch einen Blick auf ihre Füße. Die von Landschildkröten sehen aus wie Elefantenfüße in klein, die von Wasserschildkröten haben meist Schwimmhäute, und Meeresschildkröten haben überhaupt keine Füße, sondern Flossen!

57

15
WIE NEHMEN WIR VERSCHIEDENE GESCHMACKSRICHTUNGEN WAHR?

Es gibt fünf grundlegende Geschmacksrichtungen: süß, sauer, salzig, bitter und umami. Umami? Das ist japanisch und bedeutet so viel wie »schmackhaft«. Wir Menschen verfügen über Abertausende Geschmacksknospen an der Zunge, am Gaumen und im Rachen. Wenn du die Zunge rausstreckst, kannst du darauf rote Pünktchen erkennen: die Papillen. Darin befinden sich die Geschmacksknospen. In den Knospen stecken wiederum Nerven, die deinem Gehirn mitteilen, welchen Geschmack du gerade im Mund hast.

16
WARUM SCHMECKT ESSEN ANDERS, WENN MAN ERKÄLTET IST?
ANTWORT VON HESTON BLUMENTHAL

Eigentlich schmeckt es gar nicht anders, nur das Aroma ist dir abhandengekommen. Das Aroma nimmst du mit zwei Sinnen wahr: Geschmack und Geruch. Das kannst du ausprobieren: Schnapp dir eine Apfelspalte und halt dir die Nase zu. Dann beiß hinein, ohne die Nase loszulassen, und konzentrier dich auf den süß-sauren Apfelgeschmack. Das ist sein purer Geschmack. Ohne Aroma, weil der Geruch fehlt. Statt herunterzuschlucken, lass nun die Nase los – und das Apfelaroma wird dich überfluten. Wer bei einer Erkältung behauptet, der Geschmack wäre weg, meint tatsächlich eher das Aroma. Deswegen »schmeckst« du manchmal trotzdem etwas, wenn du erkältet bist, aber deine Nase frei ist. Und wenn sie total verstopft ist, na, dann schnäuz doch mal kräftig!

MÄRZ

Als die Gesellschaft zum Schutz hässlicher Tiere ein Maskottchen wählen ließ, wurde der Blobfisch offiziell zum hässlichsten Tier der Welt gekürt. Er gewann mit fast 10000 Stimmen Vorsprung!

17
WELCHES TIER SIEHT AM SELTSAMSTEN AUS?

Der Blobfisch wird oft als hässlichstes Tier der Welt bezeichnet, was aber nicht ganz fair ist! Auf dem Trockenen sieht er zwar aus wie eine übergroße Kaulquappe oder wie ein Haufen Gelee, doch tief im Meer – also da, wo er lebt – wird sein Glibberkörper vom Wasserdruck geformt und er sieht aus wie ein ganz normaler Fisch.

18
WARUM FLIEGEN RAKETEN ZU ANDEREN PLANETEN?
ANTWORT VON SIR RICHARD BRANSON

Raketen werden zu fremden Planeten geschickt, um mehr über andere Welten zu erfahren. Meist haben sie Roboter und weitere wissenschaftliche Geräte an Bord. Bisher sind noch keine Menschen zu anderen Planeten gereist, doch vielleicht werden irgendwann ein paar von uns auf dem Mars leben. Oder noch weiter entfernt. Und vielleicht wirst du mit dabei sein?

19
WIE TIEF IST DER LÄNGSTE FLUSS DEUTSCHLANDS?

Der Rhein ist unterschiedlich tief, je nachdem, wo man misst. Am tiefsten ist er mit 32 Metern an der Deutsch-Schweizer-Grenze. Diese Stelle heißt Sankt-Anna-Loch.

20
WARUM HÄUTEN SICH SCHLANGEN?

Wenn eine Schlange wächst, wird ihr die alte Schuppenhaut zu eng. Also streift sie das ganze Ding ab und legt sich neue Schuppen zu: Sie häutet sich. Wenn deine Füße größer werden, brauchst du schließlich auch neue Schuhe, oder? Ältere Schlangen häuten sich seltener als jüngere, weil sie nicht mehr so schnell wachsen.

21
WARUM HABEN ROSEN DORNEN?

Rosen haben eigentlich keine Dornen, sondern Stacheln. Anders als Dornen lassen sich Stacheln am Zweig leicht abbrechen. Rosen brauchen die spitzen Dinger, damit sie nicht von Tieren aufgefuttert werden! Wenn die den verlockenden Duft einer Rose erschnuppern, bekommen sie möglicherweise Appetit … doch schon beim ersten Knabberversuch werden sie gepikt. Autsch! Also lassen sie die Rose lieber in Frieden vor sich hin blühen.

22
WARUM HABEN BAUMFRÖSCHE ROTE AUGEN?

Haben sie gar nicht alle! Die bekannteste Art, der Rotaugenlaubfrosch, aber schon. Durch ihre grüne Farbe können diese Frösche mit der Umgebung verschmelzen. Nähert sich jedoch ein Angreifer, reißen sie ihre knallroten Augen auf und präsentieren ihre riesigen orangefarbenen Füße und ihre blaugelben Beine. Das ist eine Warnung: Ich bin giftig! Und während der Räuber vor Schreck erstarrt, hüpft der Frosch schnell davon.

MÄRZ

23
KÖNNEN EULEN ULTRAVIOLETTES LICHT SEHEN?

Wir Menschen können ultraviolettes Licht (UV-Licht), eine bestimmte Art von Strahlung, nicht sehen. Etliche Vögel, die tagsüber unterwegs sind, aber schon – dank spezieller Zellen und winziger Öltropfen in ihren Augen. Deshalb sehen sie wahrscheinlich Farben besser als wir. Eulen jagen nachts und brauchen dafür kein UV-Licht. Ihre großen Pupillen nehmen so viel vom übrigen Licht auf wie möglich. Farben sind bei Nacht nicht so wichtig. Deshalb erkennen manche Eulenarten wohl nur ein paar davon, andere sehen sogar nur in Schwarz-Weiß.

24
WIE WERDEN WÖRTERBÜCHER GEMACHT?
ANTWORT VON DR. CATHERINE SANGSTER

In Wörterbüchern wird erklärt, was jedes einzelne Wort bedeutet, woher es kommt und wie es richtig geschrieben und ausgesprochen wird. So findet man im *Duden – Deutsches Universalwörterbuch* zu jedem Wort Beispiele, wie es verwendet wird. Und man erfährt, ob es ursprünglich aus einer anderen Sprache stammt. Lexikografen, also Leute, die an Wörterbüchern arbeiten, halten stets Ausschau nach neuen Wörtern. Sie passen genau auf: Verwenden die Menschen da draußen ein altes Wort irgendwie neu? Oder borgen sie sich ein neues Wort aus einer anderen Sprache? Oder haben sie sich gar etwas vollkommen Neues ausgedacht!?

Wenn dir ein neues Wort auffällt, das nicht im Duden steht, schreib doch an den Dudenverlag. Vielleicht ist es dann bald mit dabei!

MÄRZ

25
WARUM HABEN TINTENFISCHE DREI HERZEN?

Ganz einfach: Zwei Herzen pumpen Blut zu ihren Kiemen, und das dritte pumpt Blut durch den Körper, um die Organe zu versorgen. Da ihr »Organherz« beim Schwimmen zu schlagen aufhört, kriechen Tintenfische meist nur am Meeresboden herum – Schwimmen macht sie einfach schlapp. Doch wenn sie mal schnell vom Fleck kommen müssen, können sie einen Wasserstrahl-Düsenantrieb zünden!

Tintenfische haben blaues Blut, weil darin Kupfer steckt. Damit können sie Sauerstoff besser durch ihren Körper transportieren. Das ist gerade dann nützlich, wenn das Meerwasser nicht so viel Sauerstoff enthält.

26
SIND KÜHE WIRKLICH SCHULD AN DER ERDERWÄRMUNG?

Natürlich sind sie nicht allein schuld – aber sie tragen dazu bei, weil sie so viel pupsen und rülpsen! Eine einzige Kuh kann jährlich 100 bis 200 Kilogramm Methan rausrülpsen und -pupsen. Methan ist ein Treibhausgas, durch das sich unser Planet aufheizt. Wenn man ihnen Knoblauch zu fressen gäbe, würden Kühe wohl etwas weniger davon ausstoßen. Das eigentliche Problem aber sind wir Menschen: Es gibt ja nur so viele Kühe, weil wir so viel Fleisch essen! Noch dazu brauchen Rinder eine Menge Platz, sodass etliche Bäume weichen müssen, um auf diesem Land Kühe zu halten.

Wenn du etwas tun willst, iss weniger Fleisch oder besser gar kein Rindfleisch. Wenn das viele Menschen tun, müssen weniger Kühe großgezogen und gefüttert werden. Das spart nicht nur Platz, sondern auch erderwärmende Furze und Rülpser!

27
WARUM SIND PFLANZEN GRÜN?

Sonnenlicht besteht aus den Farben des Regenbogens. Und Pflanzen *sind* eigentlich gar nicht grün, sie sehen nur für uns so aus. Das kommt von den Chloroplasten, winzigen ovalen Strukturen in ihren Zellen. Diese Teilchen enthalten ein Pigment namens Chlorophyll, das nur die blaue und rote Farbe aus dem Sonnenlicht aufnimmt. Das grüne Licht wird zurückgeworfen. Und das sehen wir.

MÄRZ

28
WARUM PUPSEN WIR?

Im Darm eines jeden Menschen leben Bakterien, die beim Zerkleinern und Verdauen der Nahrung mithelfen. Beim Verdauen bringen diese Bakterien manchmal Gase hervor, und die müssen irgendwie aus dem Körper hinausbefördert werden, als Rülpser oder als Pups. Hin und wieder muss man auch pupsen, weil man zu schnell gegessen und dadurch Luft geschluckt hat. Manche Pupse machen keinen Laut, andere sind dafür umso geräuschvoller – nämlich wenn das hinausschießende Gas die Popomuskeln vibrieren lässt!

29
WIE SEHEN UNSERE AUGEN?

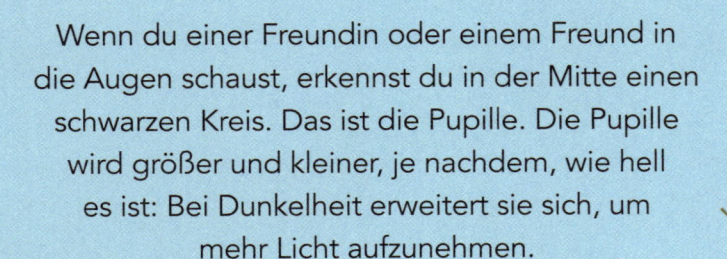

Wenn du einer Freundin oder einem Freund in die Augen schaust, erkennst du in der Mitte einen schwarzen Kreis. Das ist die Pupille. Die Pupille wird größer und kleiner, je nachdem, wie hell es ist: Bei Dunkelheit erweitert sie sich, um mehr Licht aufzunehmen.

Alles Licht, das auf deinen Augapfel fällt, trifft zuerst auf die schützende Hornhaut und dann auf die Linse. Diese bricht das Licht so, dass ein Teil davon auf die Netzhaut hinten am Auge scheint. Darin sitzen Millionen winziger Stäbchen- und Zapfenzellen, die Signale an die Sehrinde senden, einen Teil deines Gehirns. Eigentlich kommt die Welt auf den Kopf gestellt in deinen Augen an, doch dein Gehirn dreht sie sofort richtig herum. Das heißt, es ist dein Gehirn, das wirklich *sieht*, was du vor Augen hast.

Das Wort Pupille kommt vom lateinischen pupilla, *was so viel bedeutet wie Püppchen – denn wenn man jemandem in die Augen schaut, sieht man darin das eigene Spiegelbild in klein!*

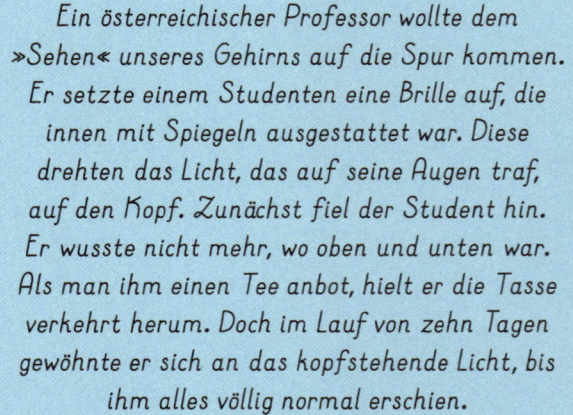

Ein österreichischer Professor wollte dem »Sehen« unseres Gehirns auf die Spur kommen. Er setzte einem Studenten eine Brille auf, die innen mit Spiegeln ausgestattet war. Diese drehten das Licht, das auf seine Augen traf, auf den Kopf. Zunächst fiel der Student hin. Er wusste nicht mehr, wo oben und unten war. Als man ihm einen Tee anbot, hielt er die Tasse verkehrt herum. Doch im Lauf von zehn Tagen gewöhnte er sich an das kopfstehende Licht, bis ihm alles völlig normal erschien. Ja, er konnte sogar Fahrrad fahren!

30
WARUM SIND BÄUME SO WICHTIG?

Bäume spenden Schatten und Ruhe, beeinflussen das Wetter und schenken uns Nahrung wie Nüsse und Früchte. Doch vor allem halten sie uns am Leben – durch die Fotosynthese, einen komplizierten Vorgang, bei dem Kohlenstoffdioxid aufgenommen und Sauerstoff hervorgebracht wird. Dadurch haben wir Luft zum Atmen, und der Planet wird nicht zu heiß. Ohne unsere großen, belaubten Gefährten würden wir nicht lange durchhalten. Außerdem sind Bäume der natürliche Lebensraum, also das Zuhause etlicher Tiere.

31
WARUM KRIEGEN SPECHTE KEIN KOPFWEH?

Spechte hämmern mit dem Schnabel gegen Bäume, um darin zu nisten, um nach leckeren Insekten zu graben oder um Unterhaltungen mit anderen Spechten zu führen. Gelegentlich bringen sie es auf zwanzig Schnabelschläge pro Sekunde! Ihr Gehirn ist winzig, ihr Hals kräftig und ihr Schädel innen so gut ausgepolstert wie ein Helm. Dadurch wird ihr Gehirn beim Hacken kaum hin- und hergeworfen. Kurz vor einem Schlag spannt der Specht zudem die Halsmuskeln an und schließt sein drittes, inneres Augenlid, denn sonst würden ihm glatt die Augen aus den Höhlen hüpfen!

APRIL

1
WANN WURDEN DIE
ERSTEN HÄUSER GEBAUT?

2
WARUM HABEN MANCHE MENSCHEN
KEIN HAUS, SONDERN MÜSSEN
AUF DER STRASSE LEBEN?

3
SIND FAULTIERE WIRKLICH FAUL?

4
WIE KANN MAN AUS
KUHFLADEN ELEKTRISCHEN
STROM GEWINNEN?

5
WIE LANG IST EIN GIRAFFENHALS?

6
WARUM HABEN GIRAFFEN
SO EINEN LANGEN HALS?

7
WAS FÜR GERÄUSCHE
MACHEN GIRAFFEN?

8
WOHER KOMMEN DIE WOLKEN?

9
WARUM SCHWEBEN WOLKEN
AM HIMMEL?

10
WARUM WEHT DER WIND?

11
WARUM REGNET ES AUS
DEN WOLKEN?

12
WIE WACHSEN PFLANZEN?

13
WARUM MUSSTEN KLEINE JUNGEN
FRÜHER ALS SCHORNSTEINFEGER
ARBEITEN?

14
HAT DIE *TITANIC* GEWACKELT,
ALS SIE MIT DEM EISBERG
ZUSAMMENGESTOSSEN IST?

15
KANN MAN SEEGURKEN ESSEN?

16
WARUM STEHEN FLAMINGOS
AUF EINEM BEIN?

APRIL

17
WIE VIEL WASSER IST IN ALLEN MEEREN ZUSAMMEN?

18
WER HAT ALS ERSTES COMPUTER PROGRAMMIERT?

19
WIE MACHEN KÜHE MILCH?

20
WARUM DUFTEN BLUMEN?

21
WARUM DREHEN EULEN SO OFT IHREN KOPF?

22
WER HAT DIE MUSIK ERFUNDEN?

23
IN WELCHEM LAND WURDE DAS ERSTE MUSIKINSTRUMENT GEBAUT?

24
WARUM PLATZEN SEIFENBLASEN, WENN MAN SIE ANFASST?

25
STECHEN BIENEN WIRKLICH NUR EIN MAL?

26
WER HAT DIE SCHRIFT ERFUNDEN, UND WORÜBER HAT ER ODER SIE GESCHRIEBEN?

27
WO WAR DIE ERSTE BIBLIOTHEK DER WELT?

28
WIRD ES DEN KOALAS IRGENDWANN LANGWEILIG, IMMER NUR EUKALYPTUS ZU ESSEN?

29
WIE VIEL BAMBUS KANN EIN GROSSER PANDA FRESSEN?

30
WARUM KÖNNEN MANCHE LEGUANE ÜBER DAS WASSER LAUFEN?

APRIL

1
WANN WURDEN DIE ERSTEN HÄUSER GEBAUT?

Vor etwa 1,8 Millionen Jahren in Tansania: Irgendjemand ordnet rund um eine Erdvertiefung Steine an – möglicherweise, um dort eine Hütte aus Gras oder Stöcken zu errichten. Damals scheint zum ersten Mal jemand auf die Idee gekommen zu sein, ein Haus zu bauen. Allerdings sind sich nicht alle Fachleute sicher, dass man bei diesem Fund wirklich schon von einem Haus sprechen kann. Dafür können sich die meisten darauf einigen, dass im französischen Nizza an der Fundstätte Terra Amata Spuren früherer Behausungen entdeckt wurden, und die sind immerhin auch mehr als 400 000 Jahre alt! Dort kannst du Fundamente alter Wohnstätten und Überreste von Feuerstellen besichtigen.

APRIL

2
WARUM HABEN MANCHE MENSCHEN KEIN HAUS, SONDERN MÜSSEN AUF DER STRASSE LEBEN?
ANTWORT VON GEORGE THE POET

Es gibt viele Gründe, wieso man kein Dach über dem Kopf hat. Um manche Menschen kümmert sich niemand, wenn sie krank werden. Andere müssen aus ihrem Zuhause ausziehen, weil ihnen das Geld ausgeht. Zum Glück kann man sich Hilfe suchen. Etliche Organisationen und Notunterkünfte bieten Gratismahlzeiten und sichere Schlafplätze. Das Traurige ist, dass diese Hilfe nicht bei allen ankommt. Wir müssen uns gemeinsam anstrengen, damit irgendwann niemand mehr ohne Zuhause ist.

Wie du helfen kannst? Zum Beispiel, indem du warme Kleidung sammelst, die deine Familie nicht mehr anzieht. Die kannst du einer Organisation spenden, die Wohnungslosen hilft.

APRIL

3
SIND FAULTIERE WIRKLICH FAUL?

Und wie! Faultiere werden ihrem Namen absolut gerecht. Sie tun kaum etwas und wenn doch, dann sehr langsam. Die meiste Zeit hängen sie auf Bäumen herum, wo sie gerne 15 bis 20 Stunden am Tag schlafen. Nur einmal in der Woche kommen sie vom Baum herunter – um ihr großes Geschäft zu erledigen.

Jeder Faultierhaufen ist so GIGANTISCH, dass das Faultier danach um ein ganzes Drittel leichter ist.

4
WIE KANN MAN AUS KUHFLADEN ELEKTRISCHEN STROM GEWINNEN?

Da gibt es mehrere Möglichkeiten! In den Ausscheidungen von Tieren und von uns Menschen leben Bakterien, winzige Wesen, die sich davon ernähren. Dabei setzen sie das Gas Methan frei, das man zur Stromerzeugung nutzen kann. Oder man trocknet den Kot, nimmt ihm also alles Wasser weg, und macht ihn zu Pellets. Die kann man verfeuern wie Kohlebriketts und so Strom erzeugen.

5
WIE LANG IST EIN GIRAFFENHALS?

Der Hals einer erwachsenen Giraffe ist fast zwei Meter lang – genauso lang wie ihre Beine! Trotz seiner beeindruckenden Länge stecken in einem Giraffenhals nur sieben Wirbelknochen, genauso viele wie in unserem.

6
WARUM HABEN GIRAFFEN SO EINEN LANGEN HALS?

Vielleicht denkst du dir: Na, damit sie an die Blätter hoher Bäume herankommen! Doch es könnte noch einen anderen Grund geben. Giraffenbullen tragen mit ihrem langen Hals richtige »Halskämpfe« aus – sie schlagen ihre Hälse wie Peitschen gegeneinander. Der Hals eines Giraffenbullen hat so viel Kraft, dass er damit einen Rivalen umwerfen oder sogar töten kann.

7
WAS FÜR GERÄUSCHE MACHEN GIRAFFEN?

Giraffen summen vor sich hin! Giraffenfans von der Universität Wien haben aufgezeichnet, wie sich die Giraffen in drei verschiedenen Zoos anhören – insgesamt 947 Stunden lang. Ihre Erkenntnis: Am liebsten summen Giraffen. Aber nur nachts und so tief, dass wir Menschen es gar nicht hören.

Je kräftiger der Hals eines Giraffenbullen ist, desto anziehender wirkt er auf Giraffenkühe.

8
WOHER KOMMEN DIE WOLKEN?

Wolken bestehen aus Hunderttausenden von Wassertröpfchen. Eine weiße Wolke am Himmel mag von Weitem wie ein einziger flauschiger Klumpen aussehen. Aus der Nähe würdest du aber erkennen, dass sie in Wirklichkeit aus zig Wassertröpfchen zusammengesetzt ist. Das gilt jedenfalls für tief hängende Wolken – weiter oben wird das Wasser zu winzigen Eiskristallen. Wolken entstehen, wenn Wasser in die Luft aufsteigt, also aus Wasserdampf. In dieser gasförmigen Gestalt ist das Wasser unsichtbar – bis es sich oben zu Wolken verbindet. Das passiert überall dort, wo warme Luft abkühlt.

9
WARUM SCHWEBEN WOLKEN AM HIMMEL?

Die Wassertröpfchen und Eiskristalle in Wolken sind winzig klein und leicht wie Mini-Staubkörner – so leicht, dass sie von der Luft selbst getragen werden und am Himmel schweben. Und wann immer eine zarte Brise aufkommt, treibt sie die ganze Wolke vor sich her.

10
WARUM WEHT DER WIND?

Wind ist nichts anderes als Luft, bloß in Bewegung! Luft besteht aus Molekülen, winzigen Teilchen, die an manchen Orten eng zusammengepackt sind – das sind Hochdruckgebiete. An anderen Orten, in den Tiefdruckgebieten, haben die Moleküle mehr Platz. Da es ihnen nicht gefällt, sich zu drängeln, wollen die Luftmoleküle immer von Gebieten mit hohem zu welchen mit niedrigem Druck gelangen. Wenn die Luft dorthin strömt, dann weht der Wind.

11
WARUM REGNET ES AUS DEN WOLKEN?

Aus Wolken regnet es, wenn sie ganz groß werden und sich ihre Unterseite dunkelgrau färbt. Dann gefrieren die einzelnen Wassertropfen ganz oben. Sie werden zu Eiskristallen und verleiben sich dabei nach und nach das Wasser benachbarter Tröpfchen ein. Irgendwann sind die Kristalle so groß, dass sie abstürzen. Dabei rauschen sie durch tiefere, wärmere Luftschichten und tauen wieder auf – und so fallen sie dir schließlich als Regentropfen auf den Kopf. *Platsch!*

APRIL

In Großbritannien war es bis 1875 erlaubt, Kinder als Schornsteinfeger auszunutzen.

12
WIE WACHSEN PFLANZEN?

Zum Wachsen benötigen Pflanzen Wasser, Sauerstoff und Wärme – aber auch Nahrung, Platz und Zeit. Manche brauchen Tage, Monate oder sogar Jahre, um Blüten oder Früchte hervorzubringen. Doch das Warten lohnt sich! Die meisten Pflanzen sprießen aus Samen. Wenn ein Samen an einer passenden Stelle landet oder eingesetzt wird, also irgendwo, wo es genügend Wasser gibt und die richtige Temperatur herrscht, dann keimt er. Er lässt Wurzeln in die Erde wachsen und einen Spross in die Höhe, der irgendwann aus dem Boden ans Licht hervorbricht und sich zur Sonne streckt.

13
WARUM MUSSTEN KLEINE JUNGEN FRÜHER ALS SCHORNSTEINFEGER ARBEITEN?

Nach dem Großen Brand von London im Jahr 1666 wurden viele Regeln für den Bau von sicheren Schornsteinen erlassen. So mussten Schornsteine ab sofort klein und schmal sein. Weil Erwachsene dort nicht hineinpassten, ließ man Jungen, die teilweise erst vier Jahre alt waren, in die engen Röhren steigen und den Ruß entfernen. Manchmal auch Mädchen. Das war eine sehr gefährliche Arbeit.

14
HAT DIE *TITANIC* GEWACKELT, ALS SIE MIT DEM EISBERG ZUSAMMENGESTOSSEN IST?

Die *Titanic* hat sich im Jahr 1912 auf die Reise von Southampton nach New York gemacht. An Bord des gigantischen Schiffes befanden sich ein Fitnessstudio, ein Schwimmbecken und sogar ein Squash-Spielfeld, außerdem jede Menge zu essen, unter anderem 40 000 Eier! Doch traurigerweise sank die *Titanic* nach nur vier Tagen auf See, weil sie mit einem Eisberg zusammenstieß. Manche Passagiere hörten dabei keinen Laut, andere spürten eine leichte Erschütterung. Die meisten konnte man leider nicht mehr fragen, denn 1495 starben beim Untergang, nur 712 überlebten.

15
KANN MAN SEEGURKEN ESSEN?

Man kann – aber nicht alle. Von den vermutlich rund 1700 Arten, in denen die kleinen Meeresbewohner auftreten, gelten nur ungefähr 80 als essbar. In der chinesischen Küche sind sie sehr beliebt, und womöglich sind sie sogar gesund. Besonders häufig auf den Teller kommt die Ananas-Seewalze. Seegurken schmecken nach kaum etwas, man serviert sie also meist mit anderen, aromatischeren Zutaten. Die bunten Seeäpfel werden trotz ihres verlockenden Namens nicht gegessen, sondern manchmal in Aquarien gehalten.

16
WARUM STEHEN FLAMINGOS AUF EINEM BEIN?

Das machen sie vielleicht, weil sie dadurch Kraft sparen. Flamingos sind nämlich so gebaut, dass es für sie weniger anstrengend ist, auf einem Bein zu stehen als auf zweien. Eine andere Vermutung ist, dass sie sich dadurch warm halten. Mit zwei Füßen im kalten Wasser kühlt man schließlich stärker ab als mit einem.

17
WIE VIEL WASSER IST IN ALLEN MEEREN ZUSAMMEN?

Auf der Erde gibt es ungefähr 1,4 Trilliarden Liter Wasser. Mehr als 1,3 Trilliarden Liter davon befinden sich in Ozeanen und Meeren – also das allermeiste!

APRIL

18
WER HAT ALS ERSTES COMPUTER PROGRAMMIERT?

Ada Lovelace, geboren 1815, gilt als erste Programmiererin der Welt. Dabei gab es zu ihren Lebzeiten noch gar keine Computer! Ada war die Tochter des Dichters Lord Byron. Der schmiss Ada und ihre Mutter ein paar Wochen nach Adas Geburt aus dem Haus. Daraufhin entschied Lady Byron, dass ihre Tochter auf keinen Fall Dichterin werden sollte, damit sie bloß nicht wie ihr Vater wurde. Stattdessen sollte Ada sich mit Mathematik und Naturwissenschaften beschäftigen.

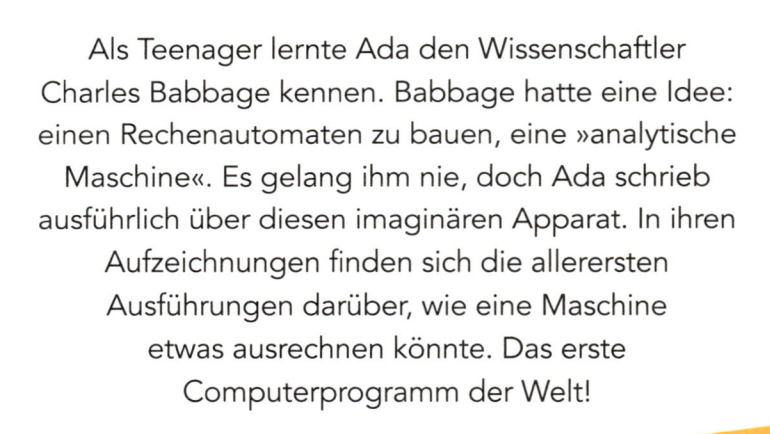

Als Teenager lernte Ada den Wissenschaftler Charles Babbage kennen. Babbage hatte eine Idee: einen Rechenautomaten zu bauen, eine »analytische Maschine«. Es gelang ihm nie, doch Ada schrieb ausführlich über diesen imaginären Apparat. In ihren Aufzeichnungen finden sich die allerersten Ausführungen darüber, wie eine Maschine etwas ausrechnen könnte. Das erste Computerprogramm der Welt!

Ada malte sich eine Zukunft aus, in der Computer Schach spielen und Musik machen und noch vieles mehr können. Sie sollte recht behalten!

19
WIE MACHEN KÜHE MILCH?

Dazu brauchen Kühe erst einmal jede Menge Gras und Heu. Dieses Futter wird dann in den vier Mägen der Kuh verdaut: Im ersten wird es mit Wasser vermischt. Im zweiten zu kleinen Bällen zusammengepresst, die wieder im Maul landen und noch einmal durchgekaut, also wiedergekäut werden. Danach kommen sie in den dritten Magen, wo Wasser und Speichel ausgepresst werden. Im vierten Magen wird die Nahrung schließlich in wertvolle Nährstoffe zersetzt. Die werden im Euter aus dem Blut der Kuh herausgefiltert und zu Milch zusammengesetzt.

In Milchviehbetrieben werden Kühe mit Maschinen gemolken. In einer Milchtüte aus dem Supermarkt kann Milch von mehr als 1000 verschiedenen Kühen stecken!

20
WARUM DUFTEN BLUMEN?

Blumen haben über Millionen von Jahren einen Duft entwickelt, der auf Insekten, Vögel und viele Fledermäuse geradezu unwiderstehlich wirkt. Wenn ein Tier den verlockenden Geruch einer Blüte wahrnimmt, kommt es näher und klettert womöglich sogar hinein. Dabei bleibt Blütenstaub an ihm kleben. Und wenn es dann weiterzieht und bei anderen Blüten vorbeischaut, werden diese durch den Blütenstaub befruchtet. So entstehen Samen, aus denen kleine Pflanzen wachsen können. Wenn man sich – wie Pflanzen – nicht vom Fleck bewegen kann, muss man sich eben einen Trick überlegen, wie man beweglichere Wesen für sich einspannt!

21
WARUM DREHEN EULEN SO OFT IHREN KOPF?

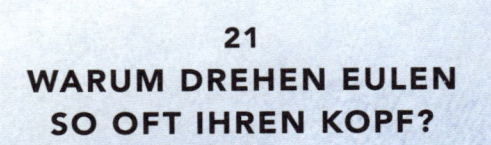

Wir Menschen können unsere Augen nach links und rechts und nach oben und unten verdrehen. Eulen können das nicht. Wenn sie zur Seite schauen wollen, müssen sie ihren gesamten Kopf drehen. Und wie sie ihn drehen können: um sage und schreibe 270 Grad, das ist drei viertel rum!

APRIL

Eulen können ihren Kopf unfassbar schnell drehen. Würden wir es ihnen nachmachen, wäre das ganz schön schmerzhaft für unseren Kopf und Hals. Doch in den Halswirbeln von Eulen befinden sich Löcher mit Luftbläschen darin. Bei der Kopfdrehung federn diese Bläschen die Blutgefäße der Eule ab wie weiche Kissen. Nur deshalb tun sie sich nicht weh, wenn sie ihren Kopf wie wild hin und her rotieren.

22
WER HAT DIE MUSIK ERFUNDEN?

Da kann man sich unmöglich sicher sein. Doch aller Wahrscheinlichkeit nach sind wir Menschen schon viele Tausend Jahre, bevor wir irgendetwas über uns selbst oder über die Musik aufgeschrieben haben, darauf gekommen, dass wir Musik machen können – mit unserem ältesten Musikinstrument überhaupt: unserer Stimme. Vermutlich haben unsere Vorfahren schon vor langer Zeit Lieder erfunden, um sie abends in geselliger Runde zu singen. Und irgendwann haben sie entdeckt, dass man einen Rhythmus erzeugen kann, indem man auf irgendetwas draufhaut, und dass man aus ausgehöhlten Knochen Flöten und andere Instrumente basteln kann. So ist die Musik wohl über viele, viele Jahrtausende hinweg ganz von allein entstanden. Sie gehört einfach zum Menschsein dazu. Schon länger, als unsere Erinnerung zurückreicht.

23
IN WELCHEM LAND WURDE DAS ERSTE MUSIK-INSTRUMENT GEBAUT?

Die ersten richtigen Musikinstrumente könnten in der Gegend, die heute Deutschland ist, gebaut worden sein. Im Jahr 2008 fand man in einer Höhle Flöten aus Geierknochen und Mammutstoßzähnen. Sie sind ungefähr 40 000 Jahre alt, älter als alle vergleichbaren Funde! Bereits 1986 waren in China Flöten aus Vogelknochen entdeckt worden. Die stammten ungefähr von 6000 v. Chr., und auf einer konnte man sogar noch spielen!

Auch in Indien wurden uralte Flöten und Saiteninstrumente zutage gefördert.

24
WARUM PLATZEN SEIFENBLASEN, WENN MAN SIE ANFASST?

Eine Seifenblase ist so aufgebaut: Außen ist eine Schicht aus Seife, dann kommt eine aus Wasser, dann wieder eine aus Seife. Solange die beiden Seifenschichten keinen Kontakt zueinander haben, bleibt die Blase ganz. Wenn man sie aber mit dem Finger anstupst, berühren sich Seife und Seife, und die Blase platzt wie ein Luftballon! Wenn du deinen Finger jedoch in Wasser tauchst und dann behutsam gegen die Blase drückst, kannst du ihn hineinschieben, ohne dass es *Plopp* macht.

Irgendwann platzen alle Seifenblasen, selbst wenn man sie in Ruhe lässt. Mit der Zeit fließt das bisschen Wasser zwischen den beiden Seifenschichten nämlich nach unten, sodass die Wasserschicht dort dicker und oben dünner wird. Immer dünner und dünner, bis sich innere und äußere Seifenschicht berühren und die Blase platzt.

25
STECHEN BIENEN WIRKLICH NUR EIN MAL?

Honigbienen sterben normalerweise, nachdem sie das erste und einzige Mal gestochen haben. Ihr Stachel hat nämlich einen Widerhaken, sodass er in ihrem Opfer stecken bleibt und dadurch abreißt. Hummeln und wild lebende Einsiedlerbienen können mehrmals stechen, weil sie ihren Stachel wieder herausziehen und damit davonschwirren können.

26
WER HAT DIE SCHRIFT ERFUNDEN, UND WORÜBER HAT ER ODER SIE GESCHRIEBEN?

Die erste Schrift war eine Erfindung der Sumerer, die vor mehr als 5000 Jahren in Mesopotamien lebten, da, wo heute der Irak ist. Sie wollten ihre Worte dauerhaft festhalten, in Form von Zeichen. Jemand anders sollte sie später betrachten und so in Gedanken ihre Worte hören können. Diese erste Schrift der Sumerer war eine Bilderschrift. Im Lauf der Zeit entstand daraus eine Keilschrift, in der die Zeichen für bestimmte Laute standen. Das war schon ein richtiges Schriftsystem. Es wurde erst nach etwa 3000 Jahren durch Weiterentwicklungen ersetzt, unter anderem durch Alphabete, wie man sie heute verwendet. Mit der Zeit erdachten die Menschen Wege, alles Mögliche aufzuschreiben. Und was sie alles schrieben! Geschichten, Lieder, Briefe … Es gibt uralte Schriftstücke über Steuern von bedeutenden Beamten, über das Militär, über Götter – einfach über *alles*!

Wir können von Glück sagen, dass die Sumerer auf Tontafeln schrieben, denn die haben die lange Zeit unter der Erde unbeschadet überdauert. Wenn man sie heute ausgräbt, kann man die Schrift darauf immer noch entziffern.

APRIL

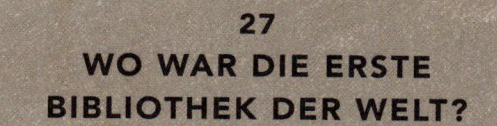

27
WO WAR DIE ERSTE BIBLIOTHEK DER WELT?

Eine der ersten wurde genau dort gegründet, wo auch die erste Schrift auftauchte! Da, wo heute der Irak ist, herrschte von 668 bis 627 v. Chr. König Aššur-bāni-apli. In der Stadt Ninive errichtete er eine Bibliothek mit rund 30 000 Tontafeln. Er ließ Geschichten zusammentragen und von Schreibern auf Tafeln festhalten, die dann in seine Regale kamen. Das war noch keine Bibliothek voller Bücher, wie wir sie kennen, doch von da an war die Idee in der Welt.

APRIL

28
WIRD ES DEN KOALAS IRGENDWANN LANGWEILIG, IMMER NUR EUKALYPTUS ZU ESSEN?

Koalas fressen hauptsächlich Eukalyptusblätter – womit sie recht zufrieden zu sein scheinen. Sollte ihnen doch mal langweilig werden, können sie in ihrer Heimat Australien auch an anderen Bäumen knabbern, etwa an Akazien, Teebäumen oder Myrtenheiden. Koalababys ernähren sich unter anderem vom *Pap* ihrer Mutter, einer Art matschigem Kot, den sie direkt aus Mamas Popo futtern! In dem wässrigen Brei steckt lauter zerkleinerter Eukalyptus. Der enthält Bakterien, die die Kleinen brauchen, um später, wenn sie groß sind, selbst Eukalyptus verdauen zu können.

29
WIE VIEL BAMBUS KANN EIN GROSSER PANDA FRESSEN?

Große Pandas fressen täglich zwischen 12 und 38 Kilo Bambus. Vom Gewicht her wären das 120 bis 380 Blaubeermuffins! Bambus enthält nur wenige Nährstoffe, deshalb müssen Pandas jeden Tag einen ganzen Berg davon verdrücken, um genug abzubekommen.

APRIL

Der Basilisk, ein bestimmter Leguan, kann etwa viereinhalb Meter weit über Wasser laufen! Erst dann geht er unter und muss schwimmen.

30
WARUM KÖNNEN MANCHE LEGUANE ÜBER DAS WASSER LAUFEN?

Das kriegen sie mit einer speziellen Lauftechnik hin, die aus drei Phasen besteht: Zunächst klatschen sie ihre Füße kräftig aufs Wasser. Dann stoßen sie sie nach unten. Und ziehen sie sofort wieder nach oben aus dem Wasser heraus, um den nächsten Schritt zu machen. Dadurch, dass sich in der zweiten Phase eine kleine Luftblase unter dem Fuß bildet, geht der Leguan nicht unter. Und damit das Ganze optimal klappt, hat er an den Hinterbeinen lange Zehen und flache Füße zum kraftvollen Klatschen. Wie er das Gleichgewicht hält? Indem er einfach ganz schnell läuft. Was für ein cleveres Kerlchen!

MAI

1
WIE WACHSEN FRÜCHTE AN BÄUMEN?

2
WARUM HABEN LÖWEN EINE MÄHNE?

3
WIE SCHNELL KÖNNEN LÖWEN RENNEN?

4
WARUM BRENNEN BRENNNESSELN, UND WAS BRENNT DA GENAU?

5
WAS WÜRDEN WIR MACHEN, WENN ES KEINE PRÄSIDENTINNEN, KANZLER UND PREMIERMINISTER GÄBE?

6
WIE WURDE DER FUSSBALL ERFUNDEN?

7
WARUM SPRINGEN BÄLLE?

8
WIE FUNKTIONIERT EINE SCHIEDSRICHTERPFEIFE?

9
WARUM WIRD ES DURCH UMWELTVERSCHMUTZUNG IMMER WÄRMER AUF DER ERDE?

10
WARUM WERDEN MANCHE BÄUME SO GROSS UND MANCHE BLEIBEN SO KLEIN?

11
WIE MACHEN DELFINE GERÄUSCHE?

12
WARUM SIND ORCAS SCHWARZ-WEISS?

13
WARUM HABEN ORCAS WEISSE FLECKEN HINTER DEN AUGEN?

14
WIE ENTSTEHT FEUER?

15
WARUM SIND MANCHE FLAMMEN BLAU?

16
WARUM KÖNNEN BÄRTIERCHEN SO GUT UNTER EXTREMBEDINGUNGEN ÜBERLEBEN?

17
IST DIE ERDE RUND UND DAS UNIVERSUM QUADRATISCH?

MAI

18
WARUM SCHÜTTELT ES MICH, WENN JEMAND MIT DEN FINGERNÄGELN ÜBER EINE KREIDETAFEL KRATZT?

19
WARUM SINGT DIE NACHTIGALL AM SCHÖNSTEN?

20
WELCHE FLEDERMAUS IST AM ALLERKLEINSTEN?

21
WAS BRINGEN VIDEOSPIELE IM ECHTEN LEBEN?

22
WOZU IST DAS HORN VON NARWALEN GUT?

23
WIE FUNKTIONIEREN AUTOS?

24
WARUM FÄHRT MAN IN MANCHEN LÄNDERN AUF DER RECHTEN UND IN ANDEREN AUF DER LINKEN STRASSENSEITE?

25
WARUM WIRD EINEM BEIM AUTOFAHREN MANCHMAL ÜBEL?

26
WIE LANGE DAUERT ES, EINE AUTOBAHN ZU BAUEN?

27
WELCHES TIER IST DIE BESTE MAMA?

28
WELCHES TIER IST DER BESTE PAPA?

29
WELCHE KÖRPERTEMPERATUR HATTEN DINOSAURIER?

30
WARUM LEGEN AMEISENIGEL EIER, OBWOHL SIE SÄUGETIERE SIND?

31
KÖNNEN WALE PUPSEN?

1
WIE WACHSEN FRÜCHTE AN BÄUMEN?

Am Anfang stehen die Blüten. Blüten wirken anziehend auf Bestäuber aller Art, also auf Insekten, Vögel und andere Tiere, die süßen Nektar daraus saugen. Kommt ein Tier einer Blüte nahe, bleibt Blütenstaub, der auch Pollen genannt wird, an seiner Haut, an seiner Zunge oder an seinen Beinen kleben. Und wenn es die nächste Blüte ansteuert, trägt es den Pollen dorthin.

So gelangt der Pollen zum Fruchtknoten der anderen Blüte, einem Teil in ihrem Inneren. Wenn das geschieht, fallen bald die Blütenblätter ab, als würde die Blume fröhlich Konfetti werfen – das sichtbare Zeichen für den Beginn ihrer Verwandlung in eine Frucht.

Von der Blüte bleibt dann nur noch der bestäubte Fruchtknoten übrig. Er beginnt zu wachsen, also immer weiter anzuschwellen und sich dabei eine dicke Wand zuzulegen: die Haut oder Schale der Frucht. An gesunden Bäumen, die in guter Erde wurzeln und genügend Sonnenlicht und Wasser bekommen, kann eine solche Frucht über Monate hinweg wachsen. Bis sie schließlich reif wird.

MAI

Wenn wir auch in Zukunft Obst und Gemüse ernten wollen, müssen wir gut auf Bestäuber wie Bienen aufpassen. Und darauf, dass die Äcker und Felder nicht auslaugen oder austrocknen.

Die meisten Früchte sind anfangs hart und grün und schmecken bitter, doch wenn ihr Wachstum endet, setzen sie Ethylen frei, eine Chemikalie, die sie weicher werden und die Farbe ändern lässt. Und ganz nebenbei werden die Früchte süß und saftig und für uns genießbar! Lässt man sie einfach am Baum hängen, fallen sie irgendwann zu Boden und verfaulen, und aus den Samen in ihrem Inneren können dort neue Bäume wachsen.

Oder es kommt vorher ein Tier vorbei, das die Frucht frisst! Der Samen jedoch bleibt selbst dann erhalten, denn seine harte Schale schützt ihn vor der Magensäure.

Wenn das Tier den Samen dann ausscheidet und er an einer günstigen Stelle landet, wächst er, gut gedüngt von dem reichhaltigen Tierkot, zu einem neuen Baum heran. Und wir können irgendwann auch davon leckere Früchte ernten.

Früchte ernten wir nicht nur von Bäumen. Manche wachsen an Sträuchern und wieder andere, zum Beispiel die Ananas, auf dem Boden.

2
WARUM HABEN LÖWEN EINE MÄHNE?

Nur Löwenmännchen haben eine Mähne, Weibchen und Jungtiere nicht. Mit ihrer prächtigen Mähne signalisieren die Männchen den Weibchen, dass sie gesund und stark sind und gute Papas abgeben würden. Außerdem schützt die Mähne den Nacken des Männchens, wenn es zu einem Kampf kommt.

3
WIE SCHNELL KÖNNEN LÖWEN RENNEN?

Auf ganz kurzen Strecken schaffen Löwen bis zu 80 km/h. Außerdem können sie sagenhafte 11 Meter weit springen!

4
WARUM BRENNEN BRENNNESSELN, UND WAS BRENNT DA GENAU?

An den Blättern und am Stängel von Brennnesseln befinden sich lauter Härchen. Wenn du mit der Hand dagegenkommst, brechen deren Spitzen ab. Und das, was noch übrig ist, pikt dich wie winzige Spritzen und gibt ein Gift ab. Eine üble Mixtur aus Chemikalien, die auf der Haut brennt! Manchmal färbt die sich sogar rot, und es bilden sich kleine Pusteln. Was das soll? Wahrscheinlich schützen sich die Brennnesseln so vor hungrigen Pflanzenfressern!

MAI

5
WAS WÜRDEN WIR MACHEN, WENN ES KEINE PRÄSIDENTINNEN, KANZLER UND PREMIERMINISTER GÄBE?
ANTWORT VON
PROFESSOR BENJAMIN ZEPHANIAH

Stell dir vor, an deiner Schule gäbe es keine Rektorin und keinen Rektor. Das ginge schon irgendwie, oder? Die Lehrerinnen und Lehrer müssten sich dann eben alleine um die Schule kümmern. Genauso würde ein Land ohne Präsident, Kanzlerin oder dergleichen nicht einfach verschwinden. Die Leute, die für die Nummer 1 gearbeitet haben, müssten dann nur stärker zusammenarbeiten. Und Menschen wie du und ich müssten uns mehr in all das einmischen, was um uns herum geschieht. Etliche Leute in aller Welt haben schon darüber nachgedacht, wie es ohne Oberchefs und Oberchefinnen ginge, doch ganz genau weiß das niemand. Wenn du mich fragst, könnten wir wahrscheinlich auch so gut zusammenleben. Aber bei solchen Fragen sind deine Antworten mindestens genauso interessant wie meine!

6
WIE WURDE DER FUSSBALL ERFUNDEN?

Eines ist ziemlich wahrscheinlich: Seit den Menschen aufgefallen ist, dass sie zwei Füße haben, kicken sie damit zum Spaß irgendwas durch die Gegend! Die erste Variante unseres Fußballspiels kam vermutlich vor rund 2000 Jahren in China auf. Dabei musste man einen Lederball in ein Tor befördern, das allerdings nur ungefähr 30 Zentimeter breit war, so breit, wie dein Schullineal lang ist.

Richtige Regeln für den Fußball wurden erstmals vor rund 200 Jahren in Großbritannien zu Papier gebracht. Davor gab es keine festgelegten Vorschriften – manchmal spielten ganze Dörfer gegeneinander, Hunderte von Menschen, die sich um den Ball stritten! In der Stadt Derby musste 1846 bei einem Fußballspiel das Militär für Ordnung sorgen. Es blieb also gar nichts anderes übrig, als Regeln zu erfinden, sonst hätte es weiterhin dauernd Ärger gegeben!

7
WARUM SPRINGEN BÄLLE?

Lässt man einen Ball los, zieht ihn die Schwerkraft zu Boden. Dort prallt er mit einer bestimmten Kraft auf, und es wird eine gleich große Kraft auf ihn selbst ausgeübt. Diese Kraft verformt ihn. Das klappt deshalb so gut, weil Bälle aus elastischem Material bestehen, etwa aus Gummi. Elastische Dinge verformen sich kurz und nehmen dann wieder ihre ursprüngliche Gestalt an. Dadurch springen sie zurück. Ein Ball aus dauerhaft nachgiebigem Material, etwa aus Knetmasse, hüpft dagegen nicht.

8
WIE FUNKTIONIERT EINE SCHIEDSRICHTERPFEIFE?

Du kannst sie nicht sehen, doch die Luft besteht aus unzähligen Molekülen, winzigen Teilchen, die ständig wild umherschwirren. In einer Schiedsrichterpfeife befinden sich zwei Löcher, in das eine bläst man Luft hinein, aus dem anderen kommt sie wieder hinaus. Ein Strom aus Unmengen von Luftmolekülen rauscht in den engen Innenraum hinein und wird im Kreis gewirbelt. Während des Pfiffes strömen immer weiter Luftmoleküle hinein, die mit denen zusammenstoßen, die sich gerade durch den Ausgang wieder ins Freie quetschen. All diese Turbulenzen erzeugen einen schrillen Pfeifton.

9
WARUM WIRD ES DURCH UMWELTVERSCHMUTZUNG IMMER WÄRMER AUF DER ERDE?

Das gilt für eine bestimmte Art der Umweltverschmutzung: Beim Verfeuern fossiler Brennstoffe, etwa von Benzin, gelangt das Gas Kohlendioxid (CO_2) in die Luft. CO_2 ist ein Treibhausgas, das heißt, es führt dazu, dass die Hitze der Sonne in der Erdatmosphäre eingeschlossen wird. Treibhausgase legen sich wie eine Decke um unseren Planeten und halten die Hitze darunter gefangen. Dadurch wird es immer wärmer, wie in einem Treibhaus, in dem es Pflanzen kuschelig haben sollen. Durch die Erderwärmung verändern sich die Temperaturen und die Witterung auf der Erde.

10
WARUM WERDEN MANCHE BÄUME SO GROSS UND MANCHE BLEIBEN SO KLEIN?

Wie alle anderen Pflanzen auch nutzen Bäume ihre Blätter, um das Licht der Sonne in Energie zum Wachsen umzuwandeln. Die höchsten Bäume findet man im Wald, wo sie sich mit etlichen Nachbarn um das Sonnenlicht streiten müssen. In anderen Gegenden, etwa auf hohen Bergen, gibt es keine Wälder. Dort stehen nur wenige Bäume. Sie haben keine Nachbarn, die sie überragen müssen, um genug Licht abzubekommen.

11
WIE MACHEN DELFINE GERÄUSCHE?

Delfine nutzen bestimmte Körperteile in ihrer Stirn, um Laute hervorzubringen. Wenn ein Delfin durch sein Blasloch einatmet, wird ein bisschen Luft in Säckchen im Inneren seines Kopfes gelagert. Will der Delfin dann seine keckernden Quietschlaute ausstoßen, lässt er diese Luft durch eine Art Lippen in seinem Kopf pfeifen. So ähnlich, wie wenn du mit den Lippen ein Pupsgeräusch machst. Doch weil die Lippen im Delfinkopf viel kleiner sind, ist stattdessen eine Art hohes Schnattern zu hören. Übrigens finden sich Delfine im Wasser – ähnlich wie Fledermäuse in der Luft – mit Klicklauten zurecht, die wir meist gar nicht hören können.

12
WARUM SIND ORCAS SCHWARZ-WEISS?

Durch ihre Färbung sind Orcas so gut getarnt, dass sie sich ihrer Beute unbemerkt nähern können. Ihre Oberseite ist schwarz. Damit sind sie von oben vor dem Hintergrund des dunklen Meeres kaum auszumachen. Von unten sind sie weiß, deshalb sehen ihre Beutetiere sie vor dem Hintergrund der sonnenhellen Wasseroberfläche schlecht. Ihre Musterung lässt zudem ihren Umriss verschwimmen, wodurch sie von ihrer Beute nicht so leicht erkannt werden.

13
WARUM HABEN ORCAS WEISSE FLECKEN HINTER DEN AUGEN?

Die beliebteste Theorie besagt, dass der Augenfleck der Orcas Angreifer verwirren soll. Wenn die auf das Auge zielen wollen, aber den Fleck dafür halten, hauen sie glatt daneben.

14
WIE ENTSTEHT FEUER?

Feuer entzündet sich, wenn Hitze und Sauerstoff auf Brennstoff treffen. In Brennstoffen wie Holz und Kohle steckt viel Energie. Im Holz ist die Energie des Sonnenlichts gespeichert, das den Baum beschienen hat, als er noch in der Erde wuchs. Wenn Brennstoffe stark erhitzt werden, geben sie unsichtbare Gase ab, die sich mit Sauerstoff vermischen und schließlich entzünden – eine Flamme schießt empor.

Solange ein Feuer mit genügend Sauer- und Brennstoff versorgt wird, brennt es immer weiter.

15
WARUM SIND MANCHE FLAMMEN BLAU?

Flammen glühen in unterschiedlichen Farben, je nachdem, welche Temperatur sie haben. Je mehr Sauerstoff sich eine Flamme einverleibt, desto heißer brennt sie. Gelbe Flammen kriegen nicht viel Sauerstoff ab, blaue umso mehr. Wenn du dir eine Kerzenflamme genau anschaust, siehst du, dass sie unten blau ist. Dort verbraucht sie den meisten Sauerstoff!

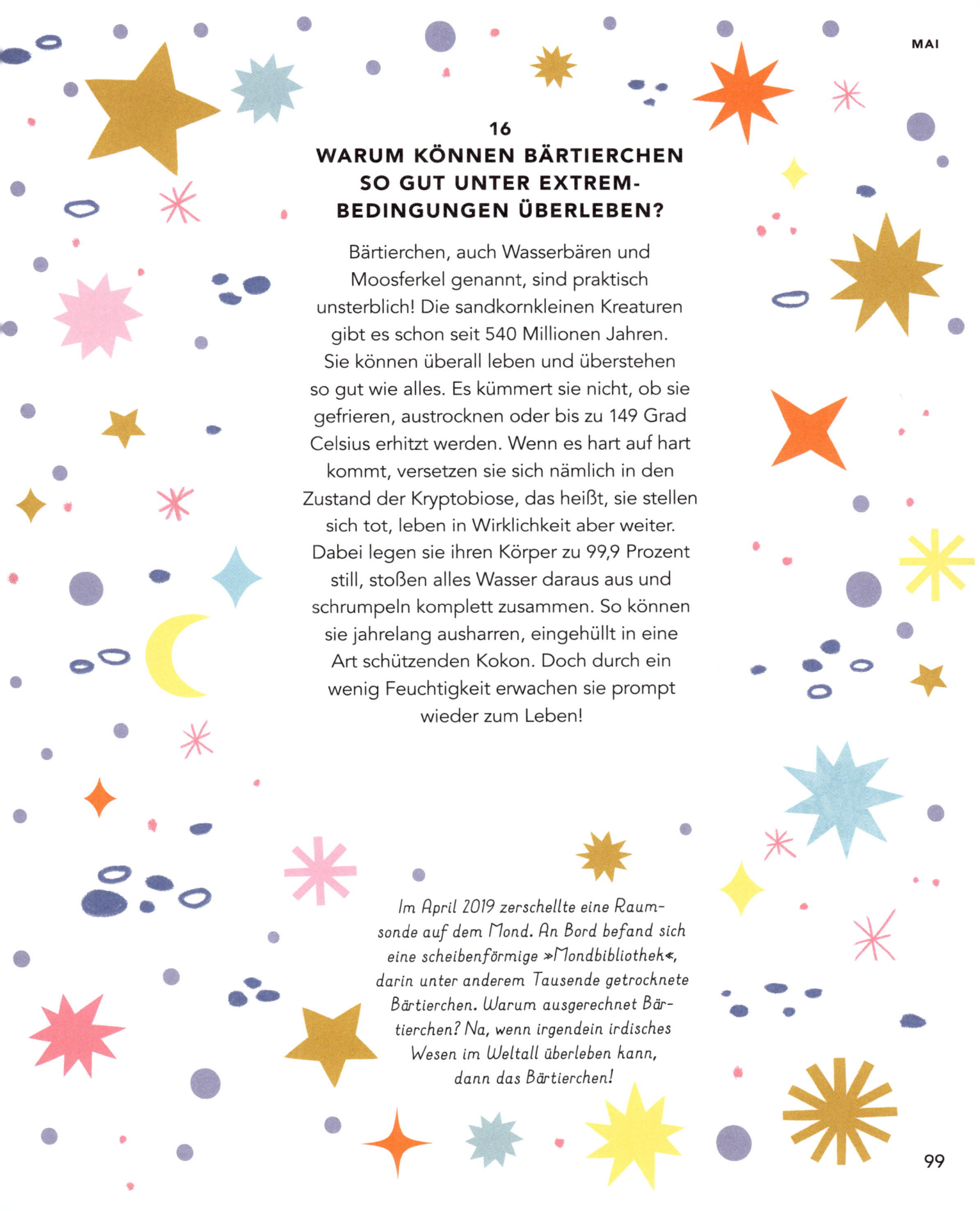

16
WARUM KÖNNEN BÄRTIERCHEN SO GUT UNTER EXTREMBEDINGUNGEN ÜBERLEBEN?

Bärtierchen, auch Wasserbären und Moosferkel genannt, sind praktisch unsterblich! Die sandkornkleinen Kreaturen gibt es schon seit 540 Millionen Jahren. Sie können überall leben und überstehen so gut wie alles. Es kümmert sie nicht, ob sie gefrieren, austrocknen oder bis zu 149 Grad Celsius erhitzt werden. Wenn es hart auf hart kommt, versetzen sie sich nämlich in den Zustand der Kryptobiose, das heißt, sie stellen sich tot, leben in Wirklichkeit aber weiter. Dabei legen sie ihren Körper zu 99,9 Prozent still, stoßen alles Wasser daraus aus und schrumpeln komplett zusammen. So können sie jahrelang ausharren, eingehüllt in eine Art schützenden Kokon. Doch durch ein wenig Feuchtigkeit erwachen sie prompt wieder zum Leben!

Im April 2019 zerschellte eine Raumsonde auf dem Mond. An Bord befand sich eine scheibenförmige »Mondbibliothek«, darin unter anderem Tausende getrocknete Bärtierchen. Warum ausgerechnet Bärtierchen? Na, wenn irgendein irdisches Wesen im Weltall überleben kann, dann das Bärtierchen!

MAI

17
IST DIE ERDE RUND UND DAS UNIVERSUM QUADRATISCH?

Wir alle kennen Fotoaufnahmen unseres wunderschönen Planeten aus dem All – die Erde ist also eindeutig rund. Welche Form das Universum hat, ist schwer zu sagen, aber die meisten Forscher und Forscherinnen nehmen an, dass es kreisförmig ist und sich ununterbrochen dreht.

18
WARUM SCHÜTTELT ES MICH, WENN JEMAND MIT DEN FINGERNÄGELN ÜBER EINE KREIDETAFEL KRATZT?

Das könnte damit zusammenhängen, wie schnell bestimmte Geräusche unser Trommelfell schwingen lassen. Diese Geschwindigkeit bezeichnet man als Frequenz, gemessen wird sie in der Einheit Hertz. Geräusche wie Fingernägel auf einer Kreidetafel oder Babygeschrei klingen uns ähnlich schrill in den Ohren, weil sie in denselben Frequenzbereich fallen – zwischen 2000 und 4000 Hertz. Diese Frequenzen beschleunigen unseren Herzschlag und schütteln uns durch!

19
WARUM SINGT DIE NACHTIGALL AM SCHÖNSTEN?

Die Nachtigall gehört zu den wenigen Vögeln, die nachts singen – und sie singt bis zum Morgengrauen! Ihr Lied klingt vermutlich auch deshalb so schön, weil es so zart durch die nächtliche Stille hallt. Das Nachtigallmännchen kann Hunderte verschiedene Töne in spontaner Abfolge hervorbringen, und manchmal singen mehrere Vögel plötzlich im Einklang. Auch auf menschliche Musik reagieren sie. Für uns bedeutet das Lied der Nachtigall: Der Frühling ist da.

20
WELCHE FLEDERMAUS IST AM ALLERKLEINSTEN?

Die kleinste Fledermaus der Welt ist die Schweinsnasenfledermaus. Nicht ohne Grund nennt man sie auch Hummelfledermaus. Sie wiegt nur zwei Gramm!

21
WAS BRINGEN VIDEOSPIELE IM ECHTEN LEBEN?

Durch Videospiele kannst du viele Fähigkeiten erwerben, die auch im echten Leben nützlich sind. Spielst du gemeinsam mit Freunden, lernst du, als Team zusammenzuarbeiten. Für etliche Spiele muss man gut lesen und sich in andere einfühlen können. Oft drehen sich Spiele um persönliche Erfahrungen. Sie lehren uns also, uns in andere Menschen hineinzuversetzen, die anders sind als wir. So können wir vielleicht besser verstehen, was in der echten Welt vor sich geht.

22
WOZU IST DAS HORN VON NARWALEN GUT?

Narwale, die Einhörner der Meere, sind im Nordpolarmeer zu Hause. Die Männchen verfügen über einen langen Eckzahn, einen Stoßzahn von bis zu drei Meter Länge! Warum das so ist, weiß selbst die Wissenschaft nicht so genau. Vielleicht soll der Zahn Narwaldamen beeindrucken? Außerdem können die Wale damit wahrscheinlich Veränderungen im Wasser erspüren, denn der Zahn ist von Nerven durchzogen.

23
WIE FUNKTIONIEREN AUTOS?

Autos werden durch einen Motor in Bewegung versetzt. Das ist eine Maschine aus beweglichen Teilen, die durch Treibstoff oder eine Batterie angetrieben wird. Das laute Brummen, wenn ein Benzin- oder Dieselauto losfährt, kommt vom Motor. Der leise Motor eines Elektroautos ist mit einem Akku verbunden, ab und zu muss man es also aufladen wie ein Handy.

24
WARUM FÄHRT MAN IN MANCHEN LÄNDERN AUF DER RECHTEN UND IN ANDEREN AUF DER LINKEN STRASSENSEITE?

In den meisten Ländern der Welt fährt man rechts, in mehr als 70 aber links. Zur Zeit der alten Römer, lange vor der Erfindung des Autos, ergab es mehr Sinn, links zu fahren, weil die meisten Menschen Rechtshänder sind. Wenn sie damals ihren Wagen oder ihre Kutsche mit der Linken steuerten, konnten sie mit der Rechten Räuber abwehren. Die Gründe für das Links- oder Rechtsfahren liegen generell meist in der Vergangenheit. So hat Napoleon in den Ländern, die er eroberte, den Rechtsverkehr eingeführt. Andere Länder konnten ihn abwehren und blieben beim Linksverkehr.

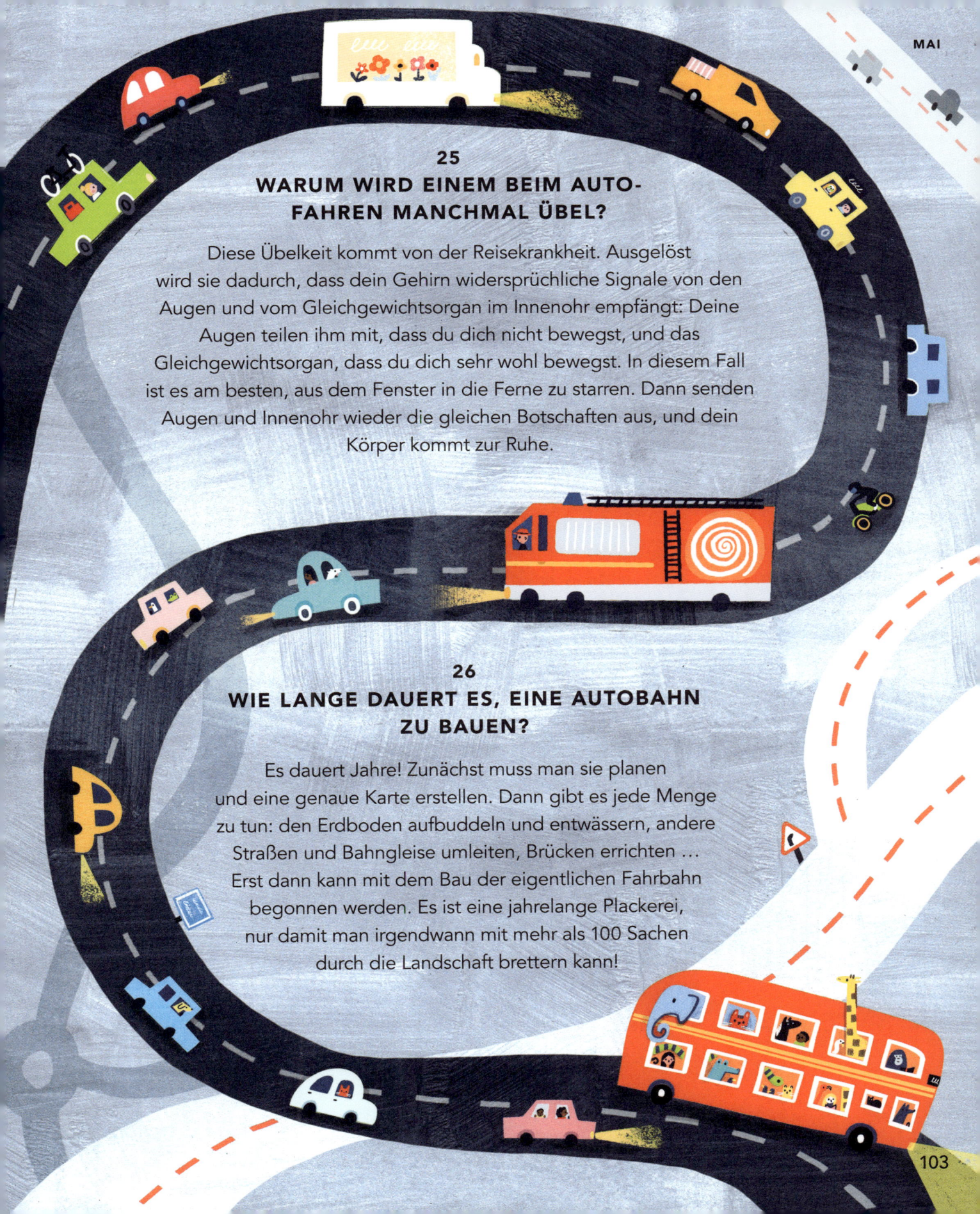

25
WARUM WIRD EINEM BEIM AUTOFAHREN MANCHMAL ÜBEL?

Diese Übelkeit kommt von der Reisekrankheit. Ausgelöst wird sie dadurch, dass dein Gehirn widersprüchliche Signale von den Augen und vom Gleichgewichtsorgan im Innenohr empfängt: Deine Augen teilen ihm mit, dass du dich nicht bewegst, und das Gleichgewichtsorgan, dass du dich sehr wohl bewegst. In diesem Fall ist es am besten, aus dem Fenster in die Ferne zu starren. Dann senden Augen und Innenohr wieder die gleichen Botschaften aus, und dein Körper kommt zur Ruhe.

26
WIE LANGE DAUERT ES, EINE AUTOBAHN ZU BAUEN?

Es dauert Jahre! Zunächst muss man sie planen und eine genaue Karte erstellen. Dann gibt es jede Menge zu tun: den Erdboden aufbuddeln und entwässern, andere Straßen und Bahngleise umleiten, Brücken errichten … Erst dann kann mit dem Bau der eigentlichen Fahrbahn begonnen werden. Es ist eine jahrelange Plackerei, nur damit man irgendwann mit mehr als 100 Sachen durch die Landschaft brettern kann!

27
WELCHES TIER IST DIE BESTE MAMA?

Im Reich der Tiere gibt es etliche Spitzenmamas! Am meisten hängen sich vielleicht die Orang-Utan-Mamas rein (abgesehen von den Menschenmamas natürlich!): In den ersten paar Monaten schleppen sie ihren Nachwuchs die ganze Zeit mit sich herum, und insgesamt hegen und pflegen sie ihn sieben Jahre lang. Elefantenmamas kümmern sich abwechselnd um die Kleinen in ihrer Gruppe. Alligatormamas tragen ihre frisch geschlüpften Kinder im Maul, wo ihnen nichts passieren kann, bis sie sich selbst verteidigen können. Krakenmamas legen bis zu 200 000 Eier und passen sehr lange darauf auf, womöglich jahrelang, bis die Jungen endlich schlüpfen. Manche verspeisen sogar lieber ihre eigenen Fangarme, als ihre Babys schutzlos zurückzulassen!

28
WELCHES TIER IST DER BESTE PAPA?

Die Seepferdchenpapas – eindeutig! Soweit man weiß, sind Seepferdchen die einzigen Tiere, bei denen das Männchen die Kleinen im Bauch herumträgt. Seepferdchen finden zu Paaren zusammen und bleiben oft ihr ganzes Leben beieinander. Die Eier der Seepferdchenmama kommen in einen Beutel in Papas Bauch. Dort, in Sicherheit, schlüpfen die Jungen und werden größer, während sie munter in ihrem Vater herumwackeln! Wenn sie dann so weit sind, drückt der Papa den Beutel zusammen, und es ploppen Hunderte Miniseepferdchen heraus.

29
WELCHE KÖRPERTEMPERATUR HATTEN DINOSAURIER?

Bei der Entdeckung der ersten Überreste von Dinosauriern glaubte man zunächst, sie wären wechselwarme Tiere gewesen wie die Reptilien von heute. Deren Körpertemperatur hängt von der Umgebung ab. Nach weiteren Dinosaurier-Funden kam der gegenteilige Verdacht auf: dass sie Warmblüter oder »gleichwarm« gewesen sein könnten, so wie die heutigen Säugetiere und Vögel, die ihre Körperwärme immer konstant halten müssen. Darauf ließ besonders die Untersuchung von Knochen vogelähnlicher Dinosaurier wie dem Velociraptor schließen. Größere Dinosaurier könnten wiederum ihre Körpertemperatur selbst geregelt haben, aber *mesotherm* gewesen sein. Sie waren so groß und massig, dass sie kaum Wärme verloren und sich dadurch praktisch ganz von allein warm gehalten haben.

30
WARUM LEGEN AMEISENIGEL EIER, OBWOHL SIE SÄUGETIERE SIND?

Ein Säugetier zu sein bedeutet normalerweise, Babys lebendig zur Welt zu bringen, statt Eier zu legen. Vor etwa 300 Millionen Jahren begannen die Tiere, die später zu Säugetieren wurden, sich in eine andere Richtung zu entwickeln als die, die später zu Reptilien wurden. Das zog sich über zig Generationen hin, und bei den Vorfahren beider heutiger Tierklassen schlüpften die Kleinen vermutlich aus Eiern wie heutzutage bei den allermeisten Reptilien. Seitdem entwickelte sich der größte Teil der Säugetiere anders, der Ameisenigel aber blieb beim Eierlegen.

31
KÖNNEN WALE PUPSEN?

Ja! Man sieht sogar, wie Luftblasen aus ihrem Hinterteil aufsteigen! Etliche Tiere können pupsen, und wahrscheinlich pupsten auch die Dinosaurier. Falls du einen Hund hast, weißt du sowieso, wie übel Hunde furzen können …

Von den Säugetieren können vermutlich alle pupsen – nur das Faultier nicht. Bei dem werden die inneren Gase vom Blutkreislauf aufgenommen und schließlich ausgeatmet.

Krebse und Austern pupsen nicht, Tintenfische und Seeanemonen auch nicht.

MAI

Asseln pupsen nicht hinten raus, scheiden aber über ihren ganzen Körper ein übel riechendes Gas aus, was praktisch auf das Gleiche hinausläuft. Und das kann sich schon mal eine ganze Stunde lang hinziehen!

Was riecht da so?

Heringe pupsen ebenfalls! Die kleinen Salzwasserfische unterhalten sich mit Pupsen, auch damit sie einander im Dunkeln nicht verlieren.

JUNI

1
WARUM KOMMT DIE WÄRME VON DER SONNE?

2
WARUM WIRD HAUT BRAUN?

3
WIE FUNKTIONIERT SONNENCREME?

4
WARUM BEKOMMEN MANCHE MENSCHEN VON DER SONNE HELLERE HAARE?

5
WIE FUNKTIONIERT DIE SCHWERKRAFT?

6
WOHER KOMMEN DIE ÄPFEL?

7
WIE WIRD DAS MEER IN ZONEN EINGETEILT?

8
WARUM LEUCHTEN FISCHE IM DUNKELN?

9
WIE SIND AUS AFFEN MENSCHEN GEWORDEN?

10
WER WAR DAS ALLERERSTE MITGLIED MEINER FAMILIE?

11
WELCHER HAI IST AM GEFÄHRLICHSTEN UND WARUM?

12
WARUM IST YOGA SO ENTSPANNEND?

13
GIBT ES TIERE, DIE EINEN HANDSTAND MACHEN KÖNNEN?

14
WAS IST IN SCHWARZEN LÖCHERN DRIN?

15
WAS BEDEUTET »LOVE« IM TENNIS?

16
WOHER KOMMEN DIE HÖRNER VON NASHÖRNERN?

JUNI

17
WARUM ESSEN EICHHÖRNCHEN
SO VIELE NÜSSE?

18
WAS WAREN DIE ERSTEN
PFLANZEN?

19
WELCHE INSEL IST DIE
GRÖSSTE DER WELT UND WELCHE
DIE KLEINSTE?

20
WIE LERNEN BABYS SPRECHEN?

21
WARUM KOMMT BEIM SPRECHEN
MANCHMAL SPUCKE RAUS?

22
WO STEHT DER GRÖSSTE
BAUM DER WELT?

23
WAS IST AM GEFÄHRLICHSTEN
AN DER WÜSTE?

24
TRINKEN SCHLANGEN WIRKLICH
IHR EIGENES PIPI?

25
WAS IST IN EINEM
SAMEN DRIN?

26
WORAUS BESTEHT DIE SCHALE
EINES SAMENS?

27
KÖNNEN TIERE EINEN
SONNENBRAND BEKOMMEN?

28
WARUM IST VOGELKACKE
WEISS?

29
WARUM SIND SCHILDKRÖTEN
SO LANGSAM?

30
SIND JUNGEN SCHNELLER
ALS MÄDCHEN?

1
WARUM KOMMT DIE WÄRME VON DER SONNE?

Die Sonne strahlt enorm viel Hitze ab. Die entsteht – genau wie ihr helles Licht – durch das, was unter extremem Druck und bei extremer Hitze mit den Gasen in ihrem Kern passiert. Auf der Erde gäbe es kein Leben, wenn die Sonne nicht genau so weit entfernt wäre, dass sie uns angenehm wärmt und Pflanzen wachsen lässt, die uns mit Nahrung versorgen. Wäre die Sonne näher, würde sie uns wegbrutzeln. Wäre sie weiter weg, hätten wir zu wenig Wärme und Licht zum Leben.

2
WARUM WIRD HAUT BRAUN?

In unserer Haut steckt das Pigment Melanin. Es verleiht der Haut erst ihre Farbe: Menschen mit viel Melanin haben von Natur aus dunklere Haut als Menschen mit weniger. Wenn die Sonne auf unsere Haut scheint, wird zusätzliches Melanin gebildet, und die Haut wird dunkler.

Willst du deine Haut vor der Sonne schützen, bleib am besten im Schatten, setz einen Hut auf und gönn dir eine ordentliche Portion Sonnencreme!

3
WIE FUNKTIONIERT SONNENCREME?

Sonnencreme schützt deine Haut vor zu viel Sonnenstrahlung. Sie ist aus zwei Sorten von Chemikalien zusammengesetzt: Die einen werfen das Sonnenlicht zurück und zerstreuen es, die anderen nehmen Sonnenlicht auf, ehe es von deiner Haut aufgenommen werden kann. Auf Sonnencremeflaschen steht der Lichtschutzfaktor (LSF). Die Zahl sagt dir, wie lange dich die Creme vor der Sonne schützt. Je höher, desto besser – doch ganz gleich, wie hoch der Lichtschutzfaktor ist: Im Lauf eines Tages solltest du immer wieder »nachschmieren«, besonders nachdem du baden warst. Und keine Sonnencreme der Welt kann alle Strahlen fernhalten!

4
WARUM BEKOMMEN MANCHE MENSCHEN VON DER SONNE HELLERE HAARE?

Wenn die Sonne dich bescheint, wird deine Haut durch zusätzliches Melanin brauner. Das Melanin in deinen Haaren verblasst dagegen durch Sonneneinstrahlung, sie werden also heller. Je dunkler deine Haare sind, desto weniger hellen sie sich wahrscheinlich auf. Denn sie enthalten dann mehr Eumelanin, das sie vor dem Sonnenlicht schützt.

Wenn du häufig bei Sonnenschein im Meer oder im Freibad schwimmen gehst, werden deine Haare womöglich noch mal heller. Das liegt am Chlor im Becken und am Salz im Meerwasser. Beide Stoffe wirken sich auf deine Haare aus beziehungsweise auf das Keratin, aus dem sie gemacht sind.

5
WIE FUNKTIONIERT DIE SCHWERKRAFT?

Nur wegen der Schwerkraft schweben wir nicht in der Luft herum und kreist die Erde stets brav um die Sonne. Auf die Spur der Schwerkraft kam vor rund 350 Jahren der Physiker Isaac Newton. Er hielt sie für eine Kraft, die zwei Objekte zueinanderzieht, so wie sich auch zwei Magneten gegenseitig anziehen. In der folgenden Zeit wurde jedoch immer deutlicher, dass man damit manches überhaupt nicht erklären kann. Vor ungefähr 100 Jahren hatte dann der Physiker Albert Einstein eine neue Idee: Die Schwerkraft könnte eine Folge davon sein, dass alle Objekte den Raum krümmen. Je größer das Objekt, desto stärker die Krümmung. Ein Riesending wie die Sonne krümmt den Raum wie ein Mensch ein Trampolin, auf dem er herumsteht. Und die Erde kreist um die Sonne, so wie ein kleineres Ding, etwa ein Golfball, in der Trampolinmulde rund um den Menschen herumkullern würde.

6
WOHER KOMMEN DIE ÄPFEL?

Die ersten Äpfel überhaupt wuchsen in Kasachstan. Die frühere Hauptstadt des Landes heißt Almaty, was so viel bedeutet wie »voller Äpfel«. Von dort aus verbreitete sich der Apfelbaum überallhin, denn Reisende auf der Seidenstraße aßen Äpfel und warfen die Kerngehäuse an den Wegesrand. Kasachische Wildäpfel sind sehr vielfältig, sowohl in der Größe als auch im Geschmack. Manche schmecken nach Haselnuss, andere nach Lakritz oder Honig!

Auf der Welt gibt es etwa 8000 verschiedene Sorten Äpfel, mehr als von jeder anderen Frucht.

7
WIE WIRD DAS MEER IN ZONEN EINGETEILT?

Das Meer wird nach der Tiefe eingeteilt – genauer: danach, wie viel Licht jeweils in eine bestimmte Zone dringt. Oben im *Epipelagial* kommt eine Menge Sonnenlicht an. Darunter liegt das *Mesopelagial*, die sogenannte Dämmerzone, wo es bereits deutlich dunkler ist. Im *Bathypelagial*, der Mitternachtszone, herrscht absolute Finsternis. Noch weiter unten liegen das *Abyssopelagial* und das *Hadopelagial* mit den Tiefseegräben. Es gilt: Je tiefer, desto weniger Leben.

8
WARUM LEUCHTEN FISCHE IM DUNKELN?

Manche Tiefseefische, zum Beispiel die Laternenfische, schwimmen in großen Schwärmen durch den Ozean. Ihre einzigartigen Muster aus leuchtenden Punkten könnten ihnen dazu dienen, sich gegenseitig zu erkennen, besonders im Dunkeln. Wird ein Laternenfisch gejagt, kann er einen gleißend hellen Blitz abfeuern (du kennst das vom Fotografieren), auf diese Art den Angreifer verwirren und eventuell entkommen.

Größere Tiefseefische wie Anglerfische und Drachenfische fangen ihre Beute mithilfe von Licht. Unter dem Maul von Drachenfischen hängt ein fleischiger Tentakel mit leuchtender Spitze, die sogenannte Bartel. Damit wedeln sie herum, um kleinere Fische anzulocken, und dann ... *Happs!*

Manche Bewohner der Mitternachtszone haben keine Augen, weil sie in dieser Finsternis einfach keine brauchen!

9
WIE SIND AUS AFFEN MENSCHEN GEWORDEN?

Wir Menschen haben uns nicht wirklich aus den Affen entwickelt, die wir heute kennen. Du kannst es dir eher so vorstellen: Wenn deine Mama Geschwister hat und die haben Kinder, dann sind das deine Cousins und Cousinen. Und wenn deine Oma Geschwister hat und die haben Enkelkinder, dann sind das deine Cousins und Cousinen 2. Grades. Die Affen von heute wären unsere Cousins und Cousinen zigfachen Grades.

Menschen und Affen haben also gemeinsame Vorfahren – die allerdings vor ungefähr 25 Millionen Jahren lebten. Seitdem haben wir uns ganz unterschiedlich entwickelt, sodass wir uns heute in Aussehen und Verhalten stark vom Affen unterscheiden. Im Lauf der letzten sieben Millionen Jahre wandelten sich Gehirn und Körper unserer menschlichen Urahnen grundlegend: Sie bewegten sich im aufrechten Gang fort, fertigten Werkzeuge an und unterhielten sich in immer komplexeren Sprachen. Im selben Zeitraum veränderten sich jedoch auch die Affen. Die Affen von heute sind anders als ihre Uromas und -opas von vor Millionen Jahren.

10
WER WAR DAS ALLERERSTE MITGLIED MEINER FAMILIE?

Unsere Menschenart, der *Homo sapiens*, treibt sich seit rund 300 000 Jahren auf der Erde herum. Das heißt, dein Stammbaum reicht im Prinzip genauso weit zurück, bis in die tiefste Vergangenheit. Doch die Familie der Menschen, zu der wir alle gehören, ist sogar noch größer: Vor mehr als drei Millionen Jahren lebten in Afrika viele verschiedene Menschenarten, die sich mit der Zeit veränderten.

Außerdem sind wir Teil einer noch größeren Familie, nämlich der Primaten, die heute auch Gorillas, Schimpansen und Orang-Utans umfasst. Wenn man jedoch *noch* weiter zurückgeht, stößt man auf die ersten Säugetiere, die sich die Erde mit den Dinosauriern teilten – ebenfalls Vorfahren von uns. *Noch* frühere Vorfahren wären eine Art fischartige Wesen, *davor* gab es wurmartige Wesen und davor krautartige Wesen. Und schlussendlich führt diese Reise in die Vergangenheit zum Beginn des Lebens selbst: zu einer winzigen Zelle, die vor rund vier Milliarden Jahren tief im Meer an Vulkangestein entstand.

11
WELCHER HAI IST AM GEFÄHRLICHSTEN UND WARUM?

Obwohl der Weiße Hai wegen eines Films berühmt-berüchtigt ist, haben andere Hai-Arten vermutlich mehr Menschen auf dem Gewissen. Auf keinen Fall will man beim Baden einem Tigerhai oder einem Bullenhai begegnen. Tigerhaie gelten als Abfalleimer der Meere, weil sie so gut wie alles fressen. Bullenhaie sind zwar kleiner, aber deshalb nicht minder bedrohlich – sie können ganz nah ans Ufer herankommen und sogar Flüsse hinaufschwimmen.

Tatsächlich sind wir eine viel größere Gefahr für die Haie als sie für uns. Jahr für Jahr töten Menschen Millionen von Haien. Ist das nicht traurig?

12
WARUM IST YOGA SO ENTSPANNEND?

Yoga kann beruhigen, entspannen und glücklich machen. Entstanden ist es wahrscheinlich vor mehr als 5000 Jahren im alten Indien. Damals machte man die Entdeckung, dass bestimmte Bewegungsabläufe und eine bestimmte Art zu atmen einen Einfluss darauf haben, wie man gelaunt ist und wie viel Energie man hat. Die Atmung ist mit das Wichtigste beim Yoga. Probier es doch mal aus: Leg die Hände auf deinen Bauch und atme ganz langsam ein und aus. Spürst du, wie sich dein Bauch ballonartig aufpumpt und wieder flacher wird? Jetzt atme circa eine Minute schön langsam weiter. Das ist ziemlich erholsam, oder?

13
GIBT ES TIERE, DIE EINEN HANDSTAND MACHEN KÖNNEN?

Ja, der Große Panda! Wenn der sein Revier markieren will, stellt er sich an einem Baum auf die Vorderpfoten, um den Stamm möglichst weit oben anzupinkeln. Damit sich andere Tiere denken: Wer so hoch pinkeln kann, muss extrem groß und stark sein! Und Fleckenskunks versprühen manchmal im Handstand ihr Stinksekret, um Feinde zu verscheuchen.

JUNI

14
WAS IST IN SCHWARZEN LÖCHERN DRIN?

In Schwarzen Löchern steckt Materie – das Zeug, aus dem das gesamte Universum besteht. Es ist sogar so viel Materie auf einmal, dass sie alles Licht verschluckt. Deshalb sehen Schwarze Löcher tiefschwarz aus.

15
WAS BEDEUTET »LOVE« IM TENNIS?

»Love«, das englische Wort für »Liebe«, bedeutet »null Punkte« im Spielstand. Warum das so ist? Dazu gibt es verschiedene Theorien, aber wahrscheinlich kommt es von der »Liebe« zum Tennis. Denn wer immer weiterspielt, ohne einen einzigen Punkt zu erzielen, muss die Sportart wirklich lieben!

16
WOHER KOMMEN DIE HÖRNER VON NASHÖRNERN?

Nashornhörner bestehen aus Keratin, genau wie die Haare und Nägel von uns Menschen. Bereits mit ein paar Monaten wächst Nashornbabys ein kleiner Hornstummel. Manche Nashörner kriegen sogar zwei Hörner. Ein gesundes Horn kann jährlich ungefähr fünf Zentimeter länger werden.

Leider sind Nashörner vom Aussterben bedroht, weil manche Leute glauben, man könnte aus ihren Hörnern tolle Arzneien machen – was wissenschaftlich überhaupt nicht belegt ist. Die Jagd auf Nashörner muss ein Ende haben!

17
WARUM ESSEN EICHHÖRNCHEN SO VIELE NÜSSE?

Weil Nüsse sehr viel Fett enthalten, das sie schön warm hält! Eichhörnchen stehen auf Eicheln, Walnüsse und Haselnüsse, die bei uns wachsen, aber auch auf Pekannüsse, Macadamianüsse und Mandeln. Im Herbst verbuddeln sie einen größeren Vorrat, um ihn im Winter wieder auszugraben.

Eichhörnchen bunkern ihre Nüsse gerne an unterschiedlichen Stellen, damit sie später zumindest einige davon wiederfinden. Aus denen, die sie vergessen, können später Bäume und Sträucher wachsen.

18
WAS WAREN DIE ERSTEN PFLANZEN?

Wissenschaftlerinnen und Wissenschaftler gehen davon aus, dass sich die ersten Pflanzen vor ungefähr einer Milliarde Jahren im Meer entwickelten. Sie waren winzig klein und hatten noch keine Wurzeln oder Blätter wie unsere Pflanzen heute.

19
WELCHE INSEL IST DIE GRÖSSTE DER WELT UND WELCHE DIE KLEINSTE?

Die größte Insel ist Grönland, das im Nordpolarmeer liegt. Eine der kleinsten heißt Bishop Rock und gehört zu den Scilly-Inseln im Atlantik.

20
WIE LERNEN BABYS SPRECHEN?

Bereits vor ihrer Geburt wissen Babys eine ganze Menge über Sprache, und mit drei Jahren kennen sich Kinder schon bestens in ihrer Muttersprache aus! Zunächst muss man sich klarmachen, wie viele verschiedene Laute zu hören sind, wenn jemand spricht. Außerdem, wie unterschiedlich diese Laute in den Sprachen der Welt klingen. Und jetzt kommt's: Richtig kleine Babys sind sogar besser darin, all diese Laute zu unterscheiden, als wir! So als würden sie sämtliche Laute aus sämtlichen Sprachen kennen – und würden mit der Zeit mitkriegen, welche für ihre Sprache wichtig sind, sich auf diese konzentrieren und den Rest vergessen. Auch später kann man natürlich noch neue Sprachen lernen, doch die Kleinsten bekommen am schnellsten raus, welche Laute sie zum Sprechen einer bestimmten Sprache benötigen.

Als du auf die Welt gekommen bist, war dein Gehirn bestens dafür gewappnet, Französisch oder Mandarin oder Suaheli oder irgendeine andere Sprache zu lernen!

21
WARUM KOMMT BEIM SPRECHEN MANCHMAL SPUCKE RAUS?

In deinem Mund ist doch so eine wässrige Flüssigkeit. Das ist der Speichel – der hält deine Zähne gesund und sorgt für ein angenehmes Gefühl im Mund. Er hilft auch beim Essen, indem er die Nahrung schön durchweicht, sodass du sie leichter herunterschlucken kannst. Wenn beim Sprechen Spucke herauskommt, liegt das daran, dass sich im Mund gerade eine Menge Speichel befindet. Das passiert besonders dann, wenn jemand schnell oder sehr aufgeregt redet.

22
WO STEHT DER GRÖSSTE BAUM DER WELT?

Der höchste Baum der Welt ist ein Küstenmammutbaum in Kalifornien, der sogar einen Namen hat: Hyperion. Er ist rund 600 Jahre alt und misst fast 116 Meter. Dann wäre da noch ein Riesenmammutbaum namens General Sherman, ebenfalls in Kalifornien. Der ist zwar nicht so hoch gewachsen, dem Volumen nach aber am größten von allen, er nimmt also am meisten Platz ein. 18 Leute müssten sich an den Händen fassen, um einen Kreis rund um seinen Stamm zu bilden!

23
WAS IST AM GEFÄHRLICHSTEN AN DER WÜSTE?

Eigentlich alles: Sandstürme, Skorpione, Schlangen, schlimmer Sonnenbrand. Dem Körper kann die Flüssigkeit ausgehen. Oder man läuft ewig auf eine Fata Morgana zu, zum Beispiel einen See, den es gar nicht gibt! Wenn man durch das Schwitzen zu viel Salz verliert, werden Arme, Beine und Magen von Hitzekrämpfen befallen. Und in Sandstürmen kann man sich allzu leicht verirren. Findest du in einer solchen Situation keinen Unterschlupf, leg dich am besten flach auf den Boden, bis es vorbei ist. Aber Vorsicht vor Schlangen im Gestrüpp oder unter Steinen!

JUNI

24
TRINKEN SCHLANGEN WIRKLICH IHR EIGENES PIPI?

Tun sie nicht, weil ihr Pipi voller Abfallprodukte ist und sie deshalb wahrscheinlich krank machen würde. Und selbst wenn sie ihr Pipi trinken wollten, wäre das nicht so einfach, da es kaum Wasser enthält. Je nachdem, zu welcher Art sie gehören, nehmen Schlangen ganz unterschiedlich Wasser zu sich: Manche schlürfen es durch ein kleines Loch in ihrem Maul, wie du es mit einem Strohhalm tust, andere saugen es wie ein Schwamm über Hautfalten an ihrem Unterkiefer auf.

JUNI

25
WAS IST IN EINEM SAMEN DRIN?

In einem Samen steckt ein Pflanzenbaby. Man nennt es sogar Embryo, so wie einen Minimenschen, der im Bauch seiner Mutter zu wachsen beginnt. Das Samenkorn hat alles an Bord, was es für eine Pflanze braucht: die Vorstufen von Blatt, Stängel und Wurzel sowie Nährstoffe zur Versorgung des wachsenden Embryos. Pflanzeneltern verstecken ihre Samen in ihren Blüten, Früchten (wie die kleinen Samen in Himbeeren oder die großen in Pfirsichen) oder Zapfen (wie in Tannenzapfen).

26
WORAUS BESTEHT DIE SCHALE EINES SAMENS?

Die Schale eines Samens, seine äußerste Schicht, setzt sich aus verschiedenen Stoffen zusammen, die meist komplizierte wissenschaftliche Namen haben: Zellulose, Lignine, Stärke, Ballaststoffe, Lipide. Gemeinsam erfüllen sie aber einen simplen Zweck: Die Schale stark zu machen! Der Samen und all die magischen Zutaten in seinem Inneren müssen schließlich vor hungrigen Tieren und anderen Gefahren beschützt werden. Nur dann kann daraus eine neue Pflanze entstehen.

27
KÖNNEN TIERE EINEN SONNENBRAND BEKOMMEN?

Vögel normalerweise nicht, weil sie durch ihr Federkleid geschützt sind, genau wie Reptilien durch ihre Schuppen. Andere Tiere wie Elefanten, Nashörner oder Schweine können sich aber durchaus einen Sonnenbrand holen. Selbst Wale kriegen von der Sonne hin und wieder Blasen auf dem Rücken. Manche Tiere vermeiden Sonnenbrand auf schlaue Art und Weise: So schützt die bläuliche Farbe von Giraffenzungen vermutlich davor, dass beim Fressen die Sonne darauf brennt. Nilpferde schwitzen an Gesicht, Hals und Ohren eine orangerote Flüssigkeit aus, die wie Sonnencreme wirkt. Und Elefanten werfen sich schützenden Sand auf Kopf und Rücken.

28
WARUM IST VOGELKACKE WEISS?

Vögel pinkeln nicht wie Säugetiere. Anstelle von Urin scheiden sie Harnsäure aus, und die ist weiß. Dabei werden sie ihre Harnsäure im selben Moment los wie ihren Kot, beides schießt miteinander vermischt aus einem Loch unter ihrem Schwanz. Deswegen sind in der weißen Schmiere, dem eigentlichen Vogelpipi, oft festere Teile zu erkennen.

Wenn Vögel etwas Farbintensives gefressen haben, zum Beispiel Holunderbeeren, machen sie auch mal in einer anderen Farbe. So wie bei dir in der Kloschüssel alles rötlich gefärbt ist, wenn du genügend Rote Bete gefuttert hast!

29
WARUM SIND SCHILDKRÖTEN SO LANGSAM?

Weil sie so gut gepanzert sind! Schildkröten haben es schlicht nicht nötig, sich flott fortzubewegen. Schnellere Tiere müssen gelegentlich Beute jagen oder vor anderen Tieren davonlaufen, von denen sie gejagt werden. Schildkröten nicht. Die können es ruhig angehen lassen, ihrem schützenden Panzer sei Dank.

30
SIND JUNGEN SCHNELLER ALS MÄDCHEN?

Als Kinder rennen Mädchen und Jungen gleich schnell. Wenn aus Jungen junge Männer werden, sind sie allerdings teilweise schneller als junge Frauen. Das liegt an einer bestimmten Chemikalie im Körper, dem Testosteron. Testosteron führt zu Wachstum und Muskelaufbau, was beides beim schnellen Laufen hilft. Männer produzieren üblicherweise mehr Testosteron als Frauen. Je länger ein Wettrennen dauert und je anstrengender es ist, desto öfter kommt es aber vor, dass trotzdem eine Frau einen Mann hinter sich lässt.

JULI

1
WARUM BRECHEN SICH WELLEN AM STRAND?

2
WARUM SIND MANCHE STRÄNDE AUS SAND UND MANCHE AUS STEINEN?

3
WARUM KÖNNEN SALAMANDER KÖRPERTEILE NACHWACHSEN LASSEN?

4
WIE VIELE SOLDATEN GEHÖRTEN ZUR RÖMISCHEN ARMEE?

5
WARUM IST DER SCHIEFE TURM VON PISA SCHIEF?

6
WIE FLIEGEN BIENEN?

7
WIE MACHEN BIENEN IHREN HONIG?

8
WARUM BAUEN BIENEN AUSGERECHNET SECHSECKIGE WABEN?

9
IST DIE BIENENKÖNIGIN GRÖSSER ALS DIE ANDEREN BIENEN?

10
WOZU IST DIE BIENENKÖNIGIN DA?

11
WOHER KOMMEN DIE BABYS?

12
WIE ENTSTEHEN EINEIIGE ZWILLINGE?

13
WARUM IST PIPI GELB?

14
WARUM STINKT ES, WENN ICH GROSS MACHE?

15
IST DIE SONNE EIN STERN?

16
WARUM WIRD DIE SONNE IRGENDWANN ZU EINEM ROTEN RIESEN?

JULI

17
WARUM IST ES IN BESTIMMTEN LÄNDERN WARM ODER KALT?

18
WARUM MACHEN PFAUEN SO EINEN KRACH?

19
WAS BRINGEN DIE WEISHEITS-ZÄHNE?

20
WANN WURDE DIE ERSTE FEUERWEHR GEGRÜNDET?

21
WARUM GEHÖRT DER EHERING AN EINEN BESTIMMTEN FINGER?

22
WARUM FRESSEN KANINCHEN IHREN EIGENEN KOT?

23
WARUM IST CHILI SO SCHARF, UND WELCHE SORTE IST AM SCHÄRFSTEN?

24
WARUM STECKT IN MENSCHEN SO VIEL WASSER?

25
WIE VIEL WASSER IST IN EINEM APFEL DRIN?

26
WOHER KOMMT DAS GELD?

27
WOHER KOMMT DAS MAGENKRIBBELN BEIM ACHTERBAHNFAHREN?

28
WER HAT DIE ERSTE ZUCKERWATTE GEMACHT?

29
WARUM IST DAS MEER SALZIG?

30
WARUM KANN MAN IM MEER LEICHTER TOTER MANN SPIELEN ALS IM SCHWIMMBAD?

31
WER HAT SICH DIE EINHÖRNER AUSGEDACHT?

1
WARUM BRECHEN SICH WELLEN AM STRAND?

Wellen fallen normalerweise in sich zusammen, wenn das Wasser noch 1,3-mal so tief ist, wie die Welle hoch ist. Sie brechen sich also nicht unbedingt erst am Strand, sondern oft schon vorher in seichterem Wasser. Der genaue Zeitpunkt richtet sich unter anderem nach der Größe und Form der Welle, nach der Form des Strandes und danach, woraus er besteht. Kleinere Wellen brechen sich meist am Strand, wenn der nicht zu steil ansteigt. Brechen sie sich dort oder an der Küste, nennt man das übrigens Brandung.

Wellen entstehen durch die Kraft stürmischer Winde auf hoher See. Das kannst du selbst ausprobieren: Füll Wasser in eine Schüssel oder such dir draußen eine Pfütze, puste über die Wasseroberfläche und schau zu, wie sich darauf kleine Wellen bilden!

2
WARUM SIND MANCHE STRÄNDE AUS SAND UND MANCHE AUS STEINEN?

Auch etliche Sandstrände sind in Wirklichkeit Steinstrände! Bei den einen sind die Steine nur größer, manchmal kieselsteingroß, und bei den anderen so klein, dass man sie als Sand bezeichnet. Wie groß sie sind, das hängt von vielem ab: Woher stammen sie? Wie lange waren sie unterwegs, bis sie am Strand angekommen sind? Wie kraftvoll sind die anrollenden Wellen, die die Steine zerkleinern? Steine, die bereits nach kurzer Zeit im Wasser am Strand landen, sind noch so groß wie Kiesel. Andere werden lange im Meer umhergetragen und dabei immer weiter abgeschliffen, bis sie irgendwann als feiner Sand das Ufer erreichen.

3
WARUM KÖNNEN SALAMANDER KÖRPERTEILE NACHWACHSEN LASSEN?

Wenn ein Salamander seinen Schwanz, ein Vorder- oder ein Hinterbein verliert, gerinnt das Blut an der Wunde, und neue Haut wächst darüber. An diesem Punkt kommen winzige Zellen zum Einsatz, die sich ziemlich schnell teilen und so Knochen, Muskeln, Nerven und anderes Gewebe aufbauen – ein nigelnagelneuer Ersatzkörperteil entsteht.

Wenn sich Salamander eine Schnittwunde zuziehen, reagieren ihre Zellen manchmal ein bisschen über – und versuchen, einen Körperteil nachwachsen zu lassen, der gar nicht verloren gegangen ist! Deshalb gibt es Salamander mit gespaltenem Schwanz oder zwei Füßen an einem einzigen Bein.

4
WIE VIELE SOLDATEN GEHÖRTEN ZUR RÖMISCHEN ARMEE?

Sehr viele, aber im Lauf der Zeit nicht immer gleich viele! Vor circa 2000 Jahren waren es etwa 400 000. Die römische Armee bestand aus Legionen, die jeweils bis zu 6000 Mann umfassten. Davon waren fast 5000 Fußsoldaten, die übrigen gehörten zur Kavallerie, ritten also auf Pferden, oder waren Handwerker oder Köche oder oder oder … Was es eben alles braucht, damit so eine Riesenorganisation funktioniert.

5
WARUM IST DER SCHIEFE TURM VON PISA SCHIEF?

Weil die Pisaner ihn auf schlammigem Boden errichtet haben! Der Turm wiegt fast 15 000 Tonnen und hat sieben schwere Glocken. Sein Bau begann im Jahr 1173 – und aufgrund seines enormen Gewichts neigte er sich schon 1178, als gerade am dritten Stockwerk gewerkelt wurde, auf dem feuchten Untergrund leicht zur Seite. In der folgenden Zeit wüteten so viele Kriege und Seuchen, dass der Turm erst 344 Jahre später fertig wurde. Bei genauem Hinsehen kann man erkennen, dass die Baumeister auf der einen Seite extra Steine hinzufügten, um die Neigung auszugleichen. Vergeblich!

6
WIE FLIEGEN BIENEN?

Bienen bewegen ihre Flügel nicht auf und ab, sondern vor und zurück. Dadurch, dass sie sie bei jedem Schlag leicht drehen, entsteht Auftrieb – die Biene fliegt. Ganz ähnlich machen wir es beim Schwimmen: Wir bewegen die Arme vor und zurück und gehen dadurch nicht unter. Bienen benutzen dazu ihre Flügel, und weil sie so viel leichter sind als wir, können sie in der Luft »schwimmen« wie wir im Wasser.

Bienen schlagen bis zu 200-mal pro Sekunde mit den Flügeln. Ganz schön beeindruckend!

7
WIE MACHEN BIENEN IHREN HONIG?

Zuerst fliegt die Biene zu einer Blüte und trinkt daraus Nektar, eine zuckrige Flüssigkeit. Mit dem Nektar in ihrer Honigblase kehrt sie dann nach Hause zurück. Im Bienenstock wird der Nektar von Mund zu Mund weitergereicht, so wird daraus irgendwann Honig. Der wird in Waben aus Wachs gefüllt wie in Töpfchen, auf die jeweils ein Wachsdeckel kommt. Für ein einziges Glas Honig müssen mehr als 1000 Bienen zusammenarbeiten!

8
WARUM BAUEN BIENEN AUSGERECHNET SECHSECKIGE WABEN?

Wenn du genau hinschaust, erkennst du, dass Bienenwaben aus lauter sechseckigen Zellen zusammengesetzt sind. Eigentlich bauen die Bienen aber gar keine sechseckigen Hohlräume, sondern runde Röhren. Bei der Arbeit erzeugen sie jedoch Wärme, die das Wachs weich werden lässt. Dadurch wandert es in die Lücken zwischen den Zellen. Und wenn die Arbeitsbienen weiterziehen oder nicht mehr an den Waben bauen, kühlt das Wachs zu Sechsecken ab.

9
IST DIE BIENENKÖNIGIN GRÖSSER ALS DIE ANDEREN BIENEN?

Ja, die Bienenkönigin ist die größte Biene im ganzen Stock und lebt auch noch länger als ihre Untergebenen!

10
WOZU IST DIE BIENENKÖNIGIN DA?

Die Bienenkönigin sitzt nicht auf einem Thron und trägt auch keine Krone. Doch meist legt sie als einzige Biene Eier. Wenn sie das irgendwann nicht mehr kann, ziehen sich die Arbeiterinnen eine neue Königin heran. Die schlüpft aus einem Ei wie jede andere Biene auch, bekommt aber nichts als Bienenmilch zu fressen, das sogenannte Gelée royale.

Gelée royale sieht aus wie weißer Schnodder und kommt aus dem Kopf der Arbeitsbienen. Es besteht aus Wasser, bestimmten Proteinen und Zucker und ist der Stoff, der aus einer kleinen Biene eine mächtige Königin macht.

11
WOHER KOMMEN DIE BABYS?

Babys nehmen in einem bestimmten Körperteil einer Frau Gestalt an: in der Gebärmutter, auch Uterus genannt. Es geht damit los, dass das Spermium eines Mannes auf die Eizelle einer Frau trifft. Wenn das passiert, kann ein Embryo entstehen, die Vorstufe eines Babys. Ganz am Anfang ist es bloß ein winziger Zellhaufen, der nur unter dem Mikroskop zu erkennen wäre.

Dann wird der Embryo größer, ein Baby entwickelt sich. Alles, was es dazu braucht, bekommt es von der Frau, die es in sich trägt. Nahrung und Sauerstoff wandern durch die Nabelschnur direkt ins Babybäuchlein hinein – da, wo später der Bauchnabel ist.

Und nach ungefähr neun Monaten ist das Baby so weit, auf die Welt zu kommen.

Babys können in der Gebärmutter ihre Augen öffnen, hören und riechen. Wenn du bald ein Geschwisterchen bekommst, kannst du also schon jetzt mit dem Babybauch sprechen oder ihm etwas vorsingen – das Kleine wird dich hören!

Zu dieser Frage könnte man sehr viel schreiben. Babys können auf verschiedenste Weise zur Welt kommen. Wenn du mehr darüber wissen willst, sprich am besten mit Erwachsenen!

12
WIE ENTSTEHEN EINEIIGE ZWILLINGE?

Es geht los wie bei allen anderen Babys auch. Wenn ein Spermium und eine Eizelle verschmelzen, entsteht eine Zygote: eine neue Zelle, in der eine komplette Baby-Bauanleitung steckt. Die Zygote wächst und teilt sich in zwei Zellen, um sich zu vermehren. So wachsen und teilen sich die Zellen immer weiter, bis daraus irgendwann Billionen von Zellen geworden sind – ein ganzes Baby!

Auch eineiige Zwillinge sind zu Beginn nichts als ein einziger kleiner Zellklumpen. In diesem Fall teilt sich dieser allerdings sehr früh in zwei Klumpen, aus denen jeweils ein eigenes Baby wird. In eineiigen Zwillingen steckt deshalb genau dieselbe Bauanleitung. Sie haben dieselbe Augen- und Haarfarbe und gleichen einander überhaupt sehr – wie ein Ei dem anderen eben.

13
WARUM IST PIPI GELB?

Dazu muss man sich anschauen, wie dein Körper das Pipi herstellt: Dein Blut fließt durch deine Nieren hindurch. Dabei bleiben Wasser und anderes nützliche Zeug drin, während der Abfall herausgefiltert und mit anderem Wasser vermischt wird. Das ist das Pipi. Dieses gelangt nun in deine Blase, und wenn die voll ist, musst du dringend aufs Klo! Die gelbe Farbe kommt von Harnfarbstoffen, die beim Abbau von roten Blutkörperchen übrig bleiben. Und wie bei Lebensmittelfarbe gilt: Je mehr Wasser dabei ist, desto heller die Farbe.

14
WARUM STINKT ES, WENN ICH GROSS MACHE?

Dein großes Geschäft besteht aus Essensresten, Bakterien, Schleim und abgestorbenen Zellen, die dein Körper nicht mehr braucht. Ein bisschen stinkt es immer wegen der Bakterien, doch wenn es besonders übel müffelt, hat es eventuell zu lang in dir dringesteckt! Auch manche Lebensmittel führen zu mehr Gestank. Vor allem welche mit viel Zucker, weil sich davon Bakterien ernähren, die übel riechende Gase freisetzen. Auch die mit viel Schwefel wie Fleisch und Rosenkohl riechen später übel.

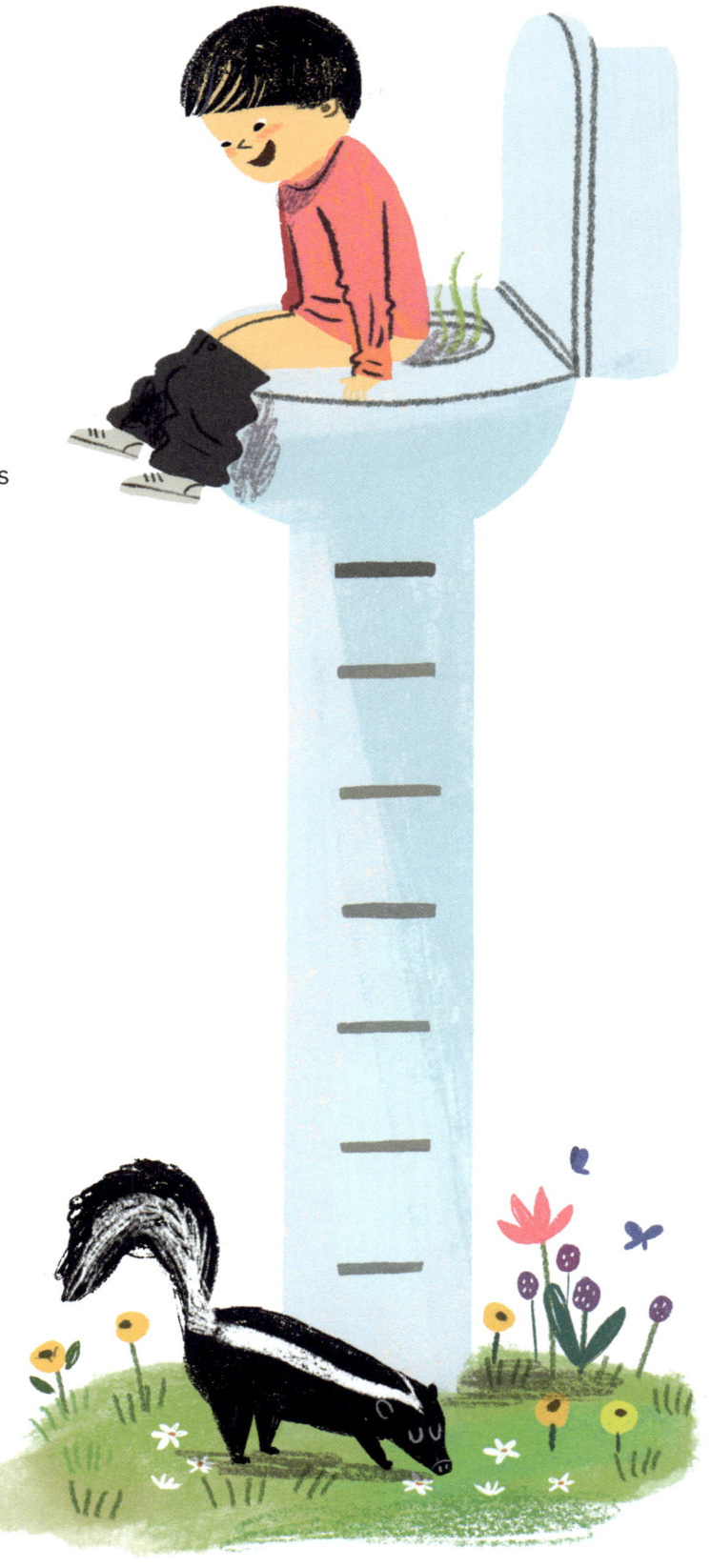

15
IST DIE SONNE EIN STERN?

Ja! Die Sonne ist eine Kugel aus brennendem Gas – also ein Stern – im Zentrum unseres Sonnensystems. Und warum sieht sie dann so anders aus als die funkelnden Sterne am Nachthimmel? Weil sie viel näher an uns dran ist.

16
WARUM WIRD DIE SONNE IRGENDWANN ZU EINEM ROTEN RIESEN?

Es war Cecilia Payne-Gaposchkin, die darauf gekommen ist, dass die Sonne hauptsächlich aus Helium und einer Riesenmenge Wasserstoffgas besteht. Wasserstoff brennt extrem gut. In fünf bis sechs Milliarden Jahren wird der Wasserstoff im Kern der Sonne aufgebraucht sein. Von da an wird nach und nach der Wasserstoff in ihren äußeren Schichten verbrennen, wodurch sie immer größer und größer wird und schlussendlich zu einem roten Riesenstern.

17
WARUM IST ES IN BESTIMMTEN LÄNDERN WARM ODER KALT?

Die Sonne wärmt nicht alle Teile der Erdkugel gleich stark. Rund um ihre Mitte – da, wo der Äquator verläuft – ist es sehr warm, weil die Strahlen der Sonne senkrecht auf die Erdoberfläche treffen. An den Polen im Norden und im Süden ist es deutlich kälter, weil die Strahlen schräg auftreffen.

JULI

Die Entfernung der Sonne zur Erde beträgt rund 150 Millionen Kilometer, ihr Licht braucht für den Weg zu uns aber nur 8 Minuten und 19 Sekunden. Die Strahlen, die dein Gesicht wärmen, haben die Sonne also vor acht Minuten verlassen und sind durch die Weiten des Alls zu dir gerast!

Ohne Sonne gäbe es kein Leben auf der Erde. Ihr Licht lässt Pflanzen wachsen und versorgt uns Menschen mit Vitamin D, einem wichtigen Stoff für unsere Knochen und Zähne.

JULI

18
WARUM MACHEN PFAUEN SO EINEN KRACH?

Pfauen schlagen lautstark Alarm, wenn sie in Gefahr sind. Und die Männchen schreien lärmend nach Weibchen, wenn sie sich paaren wollen. Pfauen kommen ursprünglich aus dem Dschungel Indiens. Weil ihre Rufe dort von dichtem Grün gedämpft werden, müssen sie auch mal ein bisschen lauter und schriller werden!

19
WAS BRINGEN DIE WEISHEITSZÄHNE?

In tiefer Vergangenheit aßen wir vieles, was schwer zu zerkleinern war: Blätter, Wurzeln, harte Nüsse, zähes Fleisch ... All das mussten unsere Vorfahren ausgiebig kauen. Dadurch nutzten sich ihre Zähne ab, und deshalb waren vier Zusatzzähne nicht verkehrt. Heute nehmen wir weichere Nahrung zu uns, die wir zudem mit Messer und Gabel klein schneiden. Wir brauchen also weniger Kau-Power und kommen auch prima ohne Weisheitszähne aus.

20
WANN WURDE DIE ERSTE FEUERWEHR GEGRÜNDET?

Im alten Rom kam zum ersten Mal jemand auf die Idee, eine Gruppe aus Leuten zusammenzutrommeln, die gemeinsam Brände bekämpfen sollten. Diese erste Feuerwehrtruppe hatte etwa 500 Mitglieder. Ihr Chef erkundigte sich bei den Besitzern brennender Gebäude, ob sie ihm diese günstig verkaufen würden. Wenn ja, löschte seine Truppe das Feuer. Wenn nicht, dann nicht!

21
WARUM GEHÖRT DER EHERING AN EINEN BESTIMMTEN FINGER?

In vielen Ländern tragen Verheiratete ihren Ehering am linken Ringfinger, also am Finger neben dem linken kleinen Finger. Vor langer Zeit glaubte man nämlich, eine bestimmte Ader würde von diesem Finger bis zum Herzen reichen. Auf Lateinisch nannte man sie *vena amoris*: Liebesader.

22
WARUM FRESSEN KANINCHEN IHREN EIGENEN KOT?

Weil es ihnen guttut! Ihre kugelrunden Köttelchen stecken voller wichtiger Bakterien und Vitamine. Kaninchen naschen sie gerne direkt aus ihrem eigenen Hinterteil und versorgen sich so mit lauter wertvollen Nährstoffen.

23
WARUM IST CHILI SO SCHARF, UND WELCHE SORTE IST AM SCHÄRFSTEN?

Chilischoten sind so scharf, weil sie Capsaicin enthalten. Capsaicin selbst schmeckt nach nichts, doch es reizt die hitzeempfindlichen Teile von Mund und Kehle – und die funken dann an dein Gehirn, dass dort etwas brennt! Am schärfsten sind nicht die Kerne, sondern das Weiße, an dem sie hängen. Die schärfste Chili der Welt heißt *Carolina Reaper*. Von der kann dir richtig, richtig heiß und sogar schlecht werden!

24
WARUM STECKT IN MENSCHEN SO VIEL WASSER?

Wenn du groß bist, wird dein Körper zu ungefähr 60 Prozent aus Wasser bestehen. Ohne Wasser kommen wir nicht aus. Wir brauchen es für so vieles: für die Versorgung aller unserer Zellen. Zum Schwitzen, wenn es heiß ist. Für den Transport von Nährstoffen durch den Blutkreislauf. Zum Ausspülen von Abfallstoffen im Pipi. Für den Speichel, also fürs Essen und fürs Verdauen. Für geschmeidige Gelenke. Und für ein gesundes Gehirn und ein gesundes Rückenmark.

25
WIE VIEL WASSER IST IN EINEM APFEL DRIN?

Äpfel bestehen zu ungefähr 86 Prozent aus Wasser. Genau das Richtige, wenn du Durst hast!

Mit einem Experiment kannst du den Wassergehalt selber nachmessen: Wiege einen Apfel. Dann schneide ihn mitsamt Kerngehäuse in schmale Spalten. Die wiegst du einzeln und notierst alle Gewichte. Hänge die Spalten einzeln an Fäden zum Trocknen auf. Nach zwei Tagen wiegst du die Stücke erneut. Was hat sich verändert? So machst du eine Woche lang weiter. Am Ende wiegst du alle getrockneten Spalten zusammen. Wenn du das jetzt vom Gewicht des frischen Apfels abziehst, weißt du in etwa, wie viel vom Apfel Wasser war!

JULI

Die ersten Banken wurden in Mesopotamien, einem alten Land in Westasien, in heiligen Tempeln eingerichtet. Man konnte dort wertvolle Dinge einlagern.

Die Bank von England hat einen DIN-A4-großen Geldschein gedruckt. Der sogenannte »Titan« ist 100 Millionen Pfund wert und wird von der Bank selbst aufbewahrt.

26
WOHER KOMMT DAS GELD?

Heutzutage bezahlen wir mit Münzen, Geldscheinen oder Bankkarten. Früher bezahlte man mit bestimmten Dingen – manchmal waren es Muscheln, manchmal Federn oder Metalle. Die allerersten Münzen wurden in Lydien verwendet, das heute in der Türkei liegen würde. Sie waren unterschiedlich groß und mit einem geprägten Löwen verziert.

JULI

27
WOHER KOMMT DAS MAGENKRIBBELN BEIM ACHTERBAHNFAHREN?

Wenn du den Gipfel einer Achterbahn überquerst, wechselt dein Körper abrupt die Richtung: Eben noch ging es steil bergauf, jetzt rauschst du in die Tiefe, und vielleicht hebt es dich dabei sogar leicht aus dem Sitz. In diesem Augenblick befindest du dich im freien Fall. Es ist, als würdest du schweben wie ein Astronaut im Weltall. Im freien Fall lässt der Druck auf die Teile deines Magens nach, die für die Verdauung zuständig sind – ein Gefühl, als würden sie in dir schweben. Oder als würde dein Magen einen Purzelbaum schlagen.

28
WER HAT DIE ERSTE ZUCKERWATTE GEMACHT?

Schon im 15. Jahrhundert wurde in Italien Zucker geschmolzen und mit einer Gabel oder einem hölzernen Besenstiel kunstvoll gesponnen. Doch erst 1897 entwickelten – ausgerechnet! – der Zahnarzt William Morrison und der Konditor John C. Wharton gemeinsam die Zuckerwattemaschine. Sie tauften ihre Erfindung »Feenseide« und boten sie erstmals 1904 auf der Weltausstellung in St. Louis an, die sieben Monate lang dauerte. Es kamen fast zwanzig Millionen Leute, und 68 655 Portionen Feenseide gingen über die Theke!

JULI

29
WARUM IST DAS MEER SALZIG?

Wenn es über dem Land regnet, löst das Wasser Salz aus dem Gestein. Dieses Salz spült der Regen mit der Zeit ins Meer. In unseren Meeren befinden sich 50 000 Billionen Tonnen Salz. Würden sie komplett austrocknen und man würde das ganze Salz gleichmäßig über die Erde verteilen, ergäbe das eine 200 Meter dicke Salzschicht. So weit sollte es aber nicht kommen, denn was würde dann aus den Walen, Fischen und Quallen? Nein, im Meerwasser ist das Salz goldrichtig!

30
WARUM KANN MAN IM MEER LEICHTER TOTER MANN SPIELEN ALS IM SCHWIMMBAD?

In einem Schwimmbecken ist Toter Mann wirklich ein bisschen schwieriger. Doch im Meer hält dich das viele Salz im Wasser oben, und du dümpelst auf den Wellen wie ein Korken!

An der Grenze zwischen Israel und Jordanien liegt das Tote Meer. Es enthält so viel Salz, dass man auf seiner Oberfläche schwebt wie auf einer Wolke.

31
WER HAT SICH DIE EINHÖRNER AUSGEDACHT?

In Tausende Jahre alten Geschichten aus China und Indien taucht erstmals ein Fabelwesen mit einem einzigen Horn auf. Diese Vorstellung breitete sich nach Europa aus, und dort erhielt das Tier seinen Namen. Auf Lateinisch bezeichnete man es als *unicornis* – aus *uni* = eins und *cornu* = Horn.

Der Erste, der Aufzeichnungen über ein pferdeähnliches Tier mit einem einzigen Horn machte, war der griechische Arzt und Geschichtsschreiber Ktesias von Knidos. Das war im 4. Jahrhundert vor Christus. Heute geht man davon aus, dass er ein Indisches Nashorn meinte, denn das hat ebenfalls nur ein Horn. Überhaupt haben sich Gestalt und Größe der Einhörner häufig gewandelt, seitdem man sich Geschichten über sie erzählt.

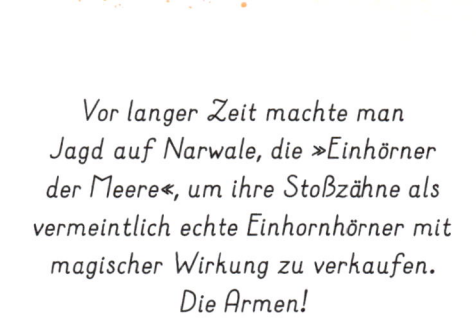

Vor langer Zeit machte man Jagd auf Narwale, die »Einhörner der Meere«, um ihre Stoßzähne als vermeintlich echte Einhornhörner mit magischer Wirkung zu verkaufen. Die Armen!

AUGUST

1
WARUM HABEN SCHMETTERLINGE GEMUSTERTE FLÜGEL?

2
WER HAT SICH DIE NAMEN DER ZAHLEN 1, 2, 3 … AUSGEDACHT, UND WARUM HEISSEN SIE AUSGERECHNET SO?

3
WARUM HAT DER HAMMERHAI EINEN HAMMERFÖRMIGEN KOPF?

4
WIE ENTSTEHEN TORNADOS?

5
BEI WELCHEM TIER SCHLÄGT DAS HERZ AM SCHNELLSTEN?

6
WARUM SUMMEN BIENEN?

7
WELCHE EULE IST AM GRÖSSTEN?

8
WORAUS IST PLASTIK GEMACHT, UND WARUM IST ES SCHLECHT FÜR DIE UMWELT?

9
GIBT ES AUSSERIRDISCHE ODER NICHT?

10
WARUM HABEN WIR DAS FLUGZEUG ERFUNDEN, ABER NICHT DAS HOVERBOARD?

11
WIE MACHEN MEERJUNGFRAUEN PIPI?

12
GIBT ES FISCHE, DIE AUF DEM TROCKENEN LEBEN KÖNNEN?

13
WARUM SIND MANCHE MENSCHEN LINKSHÄNDER UND ANDERE RECHTSHÄNDER?

14
WARUM SIND WIR ALLESFRESSER?

AUGUST

15
WOHER KOMMT DER SCHLUCKAUF?

16
WARUM SCHNURREN KATZEN?

17
WARUM WEDELN HUNDE MIT DEM SCHWANZ, WENN SIE GUT DRAUF SIND?

18
WARUM MUSS ICH SCHLAFEN GEHEN?

19
WORAUS BESTEHEN ZÄHNE?

20
WAS WILL DIE ZAHNFEE MIT MEINEN ZÄHNEN?

21
WER HAT DIE ERSTE EISCREME GEMACHT?

22
WARUM KRIEGT MAN BEIM EISESSEN MANCHMAL STARKES KOPFWEH?

23
WER HAT DIE SCHOKOLADE ERFUNDEN?

24
WARUM SIND SÜSSIGKEITEN UNGESUND?

25
WARUM SIEHT MAN IMMER DIESELBE SEITE VOM MOND?

26
WARUM IST DER MOND MANCHMAL AUCH TAGSÜBER ZU SEHEN?

27
WIE GROSS IST DER MOND?

28
WOHER KOMMT WEISSER SAND?

29
WARUM SCHLAFEN PAPAGEIFISCHE IN ROTZBLASEN?

30
WOHER KOMMEN STROM-SCHLÄGE?

31
WIE BEWEGT SICH ELEKTRISCHER STROM?

AUGUST

1
WARUM HABEN SCHMETTERLINGE GEMUSTERTE FLÜGEL?

Die hübschen Muster und Farben sind nützlich: Viele Schmetterlinge verschmelzen dadurch mit der Umgebung und bewahren sich so davor, von anderen Tieren gefressen zu werden. Außerdem locken sie damit Artgenossen an.

Bei den afrikanischen Schein-Schwalbenschwänzen kann das Weibchen die Flügelmuster von bis zu 14 verschiedenen giftigen Schmetterlingsarten annehmen, damit ihm Feinde lieber aus dem Weg gehen.

Monarchfalter sind orange und schwarz. In der Natur bedeutet das: »Komm mir nicht zu nahe, ich könnte giftig für dich sein!«

AUGUST

Der Passionsblumen-Falter aus Südamerika findet seinen Partner, indem er nach den schönsten roten Streifen Ausschau hält.

Auf den Flügeln mancher Schmetterlinge prangen augenförmige Flecken. Man vermutet, dass ihre Feinde dadurch glauben, sie hätten ein viel größeres Tier vor sich! Die Flecken des Bananenfalters ähneln den Augen einer Eule. Begegnet er einem gefräßigen Jäger, kann er ihn erschrecken, indem er seine Flügel bewegt und sein blau-gelbes Muster in der Sonne aufblitzen lässt. So gewinnt er wertvolle Zeit für die Flucht!

Schmetterlinge locken mit ihren Flügeln auch andere Schmetterlinge an. Wenn es Zeit ist, auf Partnersuche zu gehen, protzt der Blaue Morphofalter mit dem strahlenden Blau seiner Flügel.

AUGUST

Die Zahlen werden nicht überall gleich geschrieben. Im Gegenteil, auf der Welt gibt es ganz verschiedene Zahlensysteme! Wie schreibst du die Zahlen?

2
WER HAT SICH DIE NAMEN DER ZAHLEN 1, 2, 3 ... AUSGEDACHT, UND WARUM HEISSEN SIE AUSGERECHNET SO?

Warum die Zahlen irgendwann so und nicht anders genannt wurden, das weiß man ehrlich gesagt nicht. In jeder Sprache gibt es eigene Namen für die Zahlen. Dafür weiß man ein bisschen was darüber, warum sie genau so geschrieben werden. Unsere Ziffern 0, 1, 2, 3 und so weiter stammen ursprünglich aus Indien. Heutzutage nennt man sie arabische Ziffern, weil unsere Zahlschrift aus dem Nahen Osten nach Europa gebracht wurde.

Übrigens schrieben die alten Maya die Zahlen vom Prinzip her ähnlich wie wir. Sie stellten ihre Zahlen nämlich als Kombination aus Punkten und Strichen dar, und das ist gar nicht so weit entfernt von unserer Schreibweise! Wenn du zwei Punkte machst und sie mit einer kleinen Kurvenlinie samt Schwänzchen verbindest, steht da eine 2. Aus drei Punkten, die mit einer senkrechten Linie aus zwei Kurven verbunden werden, wird eine 3. Und eine 4 ist nichts anderes als vier durch Striche verbundene Punkte.

Die alten Ägypter nutzten auch für ihre Zahlen eine Bilderschrift. Für die Zahl 100 stand eine Seilschlinge-Hieroglyphe, für 10 000 ein Finger und für 100 000 ein Frosch.

3
WARUM HAT DER HAMMERHAI EINEN HAMMERFÖRMIGEN KOPF?

Am wahrscheinlichsten ist, dass er dadurch leichter Beute aufspüren kann, selbst wenn die sich richtig gut versteckt. An der Unterseite des »Hammers« befinden sich Tausende winzige Organe, die man Lorenzinische Ampullen nennt, nach dem Arzt Stefano Lorenzini, der sie genau untersuchte. Damit nimmt der Hammerhai elektrische Felder wahr. Weil alle Tiere durch die Bewegung ihrer Muskeln leichte elektrische Impulse erzeugen und der Kopf des Hammerhais extrem feinfühlig ist, spürt er selbst das Zucken eines tief im Sand verborgenen Fisches.

Hammerhaie fressen für ihr Leben gern Rochen und Plattfische!

4
WIE ENTSTEHEN TORNADOS?

Tornados oder Windhosen entstehen durch viele verschiedene Zutaten, so ähnlich wie ein Kuchen: warme, feuchte Luft in Bodennähe und kühlere, trockene Luft darüber. Wenn diese Mischung noch weiter oben auf heftigen Wind trifft, entsteht möglicherweise ein Tornado. Tornadojäger jagen Stürmen hinterher und hoffen, dass die einen Tornado hervorbringen. Damit helfen sie bei der Wettervorhersage! Am besten macht man das in den USA, weil dort viel mehr Tornados durch die Gegend wirbeln als bei uns.

AUGUST

5
BEI WELCHEM TIER SCHLÄGT DAS HERZ AM SCHNELLSTEN?

Das Herz der Etruskerspitzmaus schlägt irrsinnig schnell – bis zu 25-mal pro Sekunde! Dem Gewicht nach ist dieses Spitzmäuschen das kleinste Säugetier der Welt, und es lebt nur ungefähr zwei Jahre lang.

6
WARUM SUMMEN BIENEN?

Bienen schlagen zum Fliegen mit den Flügeln. Das versetzt die umliegende Luft so in Bewegung, dass wir ein Summen hören. Das Brummen der Hummel kommt davon, dass sie ihren Körper vibrieren lässt. Durch diese schnelle Bewegung, auch mit den Flügeln, schüttelt sie Pollen aus den Blüten auf ihren Pelz. Dann fliegt sie zu ihrem Nest, um den Pollen an ihre Kinder zu verfüttern. Unterwegs verteilt sie aber etwas davon auf andere Blüten. Das nennt man Vibrationsbestäubung.

7
WELCHE EULE IST AM GRÖSSTEN?

Am schwersten ist der Riesen-Fischuhu. Er hat eine Flügelspannweite von zwei Metern und wiegt bis zu 4,6 Kilo – ähnlich viel wie ein stattlicher Kater.

Obwohl sein Körper ungefähr so groß ist wie ein Kleinkind, ist der Uhu leichter, weil Vogelknochen so wenig wiegen.

8
WORAUS IST PLASTIK GEMACHT, UND WARUM IST ES SCHLECHT FÜR DIE UMWELT?

Plastik wird aus Erdöl hergestellt – aus einem schleimigen Zeug tief aus dem Boden – und auch aus Erdgas. Plastik kann jede Gestalt annehmen, es steckt in Spielzeug, Trinkbechern, Flaschen, Windeln, Autos, selbst im Kaugummi. Doch so nützlich es ist, so schädlich ist es für unseren Planeten. Denn es enthält Schadstoffe und man wird es praktisch nie mehr los, es ist einfach überall: auf Feldern, im Meer und in den Mägen von Tieren.

9
GIBT ES AUSSERIRDISCHE ODER NICHT?

Wenn man das wüsste! Wir haben noch keine zu Gesicht bekommen und noch von keinen gehört, und soweit wir wissen, waren noch keine auf der Erde. Aber sicher sein können wir uns nicht …

10
WARUM HABEN WIR DAS FLUGZEUG ERFUNDEN, ABER NICHT DAS HOVERBOARD?

Im Sommer 2019 wollte ein französischer Erfinder auf seinem »Flugbrett« das Meer zwischen Frankreich und Großbritannien überqueren. Auch wenn ihm das nicht ganz gelang – sein Hoverboard funktionierte tatsächlich! Noch sind die Dinger sehr teuer herzustellen, aber vielleicht werden sie eines Tages günstiger, und wir können alle auf einem umherflitzen!

AUGUST

11
WIE MACHEN MEERJUNGFRAUEN PIPI?

Meerjungfrauen sind Fabelwesen, die von der Hüfte aufwärts wie Menschen aussehen, statt Beinen aber einen Fischschwanz haben. Pieseln würden sie deshalb vermutlich wie Fische! Fische lassen ihr Pipi durch ihre Kiemen oder durch ein kleines Loch ins Wasser. Da Meerjungfrauen wahrscheinlich keine Kiemen hätten, wäre es bei ihnen wohl die zweite Variante.

Vielleicht würden Meerjungfrauen auch ihr großes Geschäft wie Fische verrichten! Die erledigen das über ein kleines Loch unter ihrem Schwanz. Hast du schon mal eine Weile einen Goldfisch beobachtet? Und hat dabei mal ein langer Faden aus seinem »Hinterteil« gehangen? Das war sein Kot!

12
GIBT ES FISCHE, DIE AUF DEM TROCKENEN LEBEN KÖNNEN?

Kammzahnschleimfische leben tatsächlich an Land. Manche von ihnen können sich mit Schwanz und Flossen viel weiter nach vorne katapultieren, als sie selbst lang sind. Zum Atmen müssen sie jedoch immer ein bisschen feucht bleiben. Deshalb halten sie sich in der Nähe vom Meer auf, wo sie hin und wieder einen Spritzer Wasser abbekommen.

13
WARUM SIND MANCHE MENSCHEN LINKSHÄNDER UND ANDERE RECHTSHÄNDER?

Von 100 Menschen benutzen 85 mehr die rechte Hand und 15 mehr die linke. Warum die rechte beliebter ist? Darüber rätseln Wissenschaftlerinnen und Wissenschaftler noch immer. Einige glauben, dass wir von Natur aus beide Hände gleich gut benutzen könnten, uns aber als kleine Kinder für eine entscheiden, weil es sich besser anfühlt oder weil wir es so beigebracht oder vorgemacht bekommen.

Früher glaubte man, Linkshänder oder Linkshänderin zu sein, wäre etwas Schlechtes. Heutzutage weiß man, dass das Unsinn ist. Manche Menschen sind übrigens beidhändig, kommen also genauso gut mit der rechten wie mit der linken Hand zurecht. Nimm du einfach die, die dir lieber ist!

Jahr für Jahr wird am 13. August der Welttag der Linkshänder gefeiert. Es gab und gibt etliche linkshändige Berühmtheiten: Barack Obama, Lady Gaga, Neil Armstrong, Oprah Winfrey, Leonardo da Vinci, Marie Curie, Rafael Nadal ...

AUGUST

14
WARUM SIND WIR ALLESFRESSER?

Kaum sprossen die ersten Pflanzen aus dem Erdboden, tauchten auch die ersten Pflanzenfresser auf. Mit der Zeit begannen ein paar dieser Tiere, andere Tiere zu fressen. Dadurch konnten sie deutlich schneller Nährstoffe und Energie aufnehmen als allein durch Pflanzen. Andere Tiere, etwa die Kühe, blieben beim Grünzeug. Unsere eigenen Vorfahren aßen wahrscheinlich bis vor ein paar Millionen Jahren hauptsächlich Pflanzen. Dann gingen sie immer öfter auf die Jagd. Und sie fingen zu kochen an. Das tun nur wir Menschen – und entlocken unserer Nahrung dadurch mehr Energie.

Auch heute ist es sehr wichtig, sich abwechslungsreich zu ernähren. Aber Fleisch ist kein Muss! Wir kommen ganz gut ohne Fleisch aus oder können uns sogar vegan, das heißt ganz ohne Tierprodukte, mit allem versorgen, was wir brauchen.

AUGUST

In der Regel geht ein Schluckauf bald von selbst vorüber. Wenn du ihn schneller loswerden willst, trink ein Glas kaltes Wasser oder beiß in eine Zitronenspalte.

15
WOHER KOMMT DER SCHLUCKAUF?

Unter deinem Brustkorb befindet sich das Zwerchfell, ein Muskel, den du zum Atmen brauchst. Wenn sich dieser Muskel verkrampft, kriegst du Schluckauf: Deine Stimmbänder »machen zu«, und du stößt ein »Hicks« aus. Fachleuten zufolge kann ein Schluckauf ganz verschiedene Ursachen haben: Man ist gestresst oder aufgeregt, isst oder trinkt viel (und vor allem zu schnell) oder kippt etwas Sprudeliges in sich hinein. Auch von Kaugummi kannst du Schluckauf bekommen, wenn du beim Kauen Luft schluckst. Mit dem »Hicksen« befördert dein Körper die überflüssige Luft wieder nach draußen.

AUGUST

16
WARUM SCHNURREN KATZEN?

Meist schnurren Katzen, wenn sie rundum entspannt sind, also zum Beispiel auf dem Schoß ihres Frauchens oder Herrchens. Manchmal aber auch, wenn sie nervös sind, ängstlich oder gestresst. Und ein hohes Schnurren, das mehr nach einem Miauen klingt, bedeutet: Gib mir Futter! Schau mich an! Diesen Laut nennt man deshalb »Bittschnurren« – die Katze will etwas. Wild lebende Katzen schnurren gerne, wenn sie sich gegenseitig putzen. Man geht davon aus, dass das Schnurren den Katzen guttut, ja, es soll sogar heilende Wirkung haben: Die Vibrationen helfen offenbar bei Knochen- und Muskelverletzungen.

17
WARUM WEDELN HUNDE MIT DEM SCHWANZ, WENN SIE GUT DRAUF SIND?

Hunde drücken mit ihrem Schwanzwedeln alles Mögliche aus. Wie es dem Hund wirklich geht, kann man offenbar an der Wedelrichtung erkennen.

Wenn der Schwanz nach rechts wedelt, könnte das bedeuten, dass der Hund gut drauf ist. Wenn er nach links wedelt, könnte ein schlechtes Gefühl dahinterstecken. Hunde beobachten, was andere Hunde mit ihrem Schwanz anstellen. Wenn einer nach rechts wedelt, entspannen sie sich meist. Wenn einer nach links wedelt, werden sie wachsam.

18
WARUM MUSS ICH SCHLAFEN GEHEN?

Wenn du gut und genügend schläfst, bist du am Morgen wunderbar ausgeruht und kannst den Tag richtig genießen. Im Schlaf führt dein Körper wichtige Reparaturarbeiten durch. Schlaf tut deinem Gehirn gut und gibt Power für die Schule. Ja, guter Schlaf ist so was wie eine geheime Superkraft!

19
WORAUS BESTEHEN ZÄHNE?

Aus vier Zutaten: Zahnmark, Zahnbein, Zahnschmelz und Wurzelzement. Das Mark ist ganz innen und voller Adern und Nerven. Das harte, gelbliche Zahnbein umschließt das Mark. Noch härter ist der Zahnschmelz, der die äußere Schutzwand bildet – in deinem gesamten Körper gibt es nichts Härteres! Der Wurzelzement verankert die Zahnwurzel unter dem Zahnfleisch im Kiefer, damit der Zahn bleibt, wo er ist.

20
WAS WILL DIE ZAHNFEE MIT MEINEN ZÄHNEN?

Vielleicht will sie sich daraus ein Feenschloss bauen – mit deinen Zähnen als Ziegelsteinen!

AUGUST

21
WER HAT DIE ERSTE EISCREME GEMACHT?

Man kann sich nicht ganz sicher sein, aber wahrscheinlich war es ungefähr 500 v. Chr. so weit, und zwar in Persien, dem heutigen Iran. Dort wurde Eis mit sommerlichen Aromen wie Rosenwasser und Safran vermischt, mit Pistazien und Früchten. Außerdem gossen die alten Perser Fruchtsirup auf Schnee. Ein wenig später erfanden auch die alten Chinesen und Griechen kühle Köstlichkeiten, und im 16. Jahrhundert kamen die Inder auf Kulfi, eine Art gefrorene Milch mit Pistazien. In Europa brachte man erst im 17. oder 18. Jahrhundert die erste Eiscreme zustande.

Schon gewusst? Eiscreme besteht zu einem Viertel aus Luft. Eine Hauptzutat haben also alle Sorten gemeinsam: Luft!

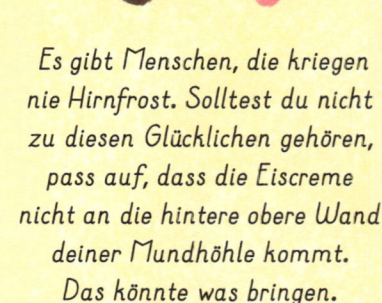

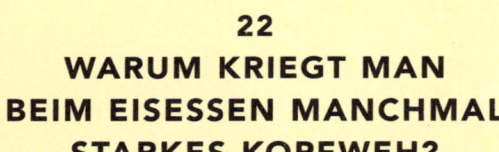

22
WARUM KRIEGT MAN BEIM EISESSEN MANCHMAL STARKES KOPFWEH?

Wenn dir beim Eisessen ein stechender Schmerz in die Stirn fährt, ist das ein Kältekopfschmerz. Der wird ausgelöst, wenn die kalte Eiscreme deinen Gaumen berührt. Dann ziehen sich dort die Blutkörperchen zusammen, weshalb dein Körper eilig warmes Blut herbeipumpt, um die Kälte wieder auszugleichen. Dieses schnelle Hin und Her *könnte* hinter dem sogenannten »Hirnfrost« stecken, aber sicher ist man sich da nicht.

Es gibt Menschen, die kriegen nie Hirnfrost. Solltest du nicht zu diesen Glücklichen gehören, pass auf, dass die Eiscreme nicht an die hintere obere Wand deiner Mundhöhle kommt. Das könnte was bringen.

23
WER HAT DIE SCHOKOLADE ERFUNDEN?

Lange glaubte man, wir hätten die Schokolade dem Volk der Olmeken zu verdanken, das vor einer Ewigkeit in Mittelamerika lebte. Für Schokolade braucht man die Samen des Kakaobaums, also Kakaobohnen, und in einem olmekischen Gefäß von 600 v. Chr. fand man Spuren davon. Die Olmeken zerkleinerten also schon Kakaobohnen und mixten sie mit Wasser zu einer Art Trinkschokolade! Inzwischen wurden jedoch in Ecuador noch ältere Gefäße mit Resten von Kakaobohnen entdeckt. Die Schokolade ist also noch älter und kommt aus *Süd*amerika.

24
WARUM SIND SÜSSIGKEITEN UNGESUND?

Süßigkeiten platzen geradezu vor Zucker. Isst du zu viele davon, speichert dein Körper den Zucker, den er gerade nicht braucht. Dadurch baut sich Fett auf, und langfristig, wenn du größer wirst, könnte sogar dein Herz darunter leiden. Ein Haufen Süßes kann dir zwar einen starken Energieschub geben. Der lässt aber schnell wieder nach, es sei denn, du isst noch mehr Zucker. Deshalb will man so oft gleich noch etwas Süßes. Doch wenn es immer so weitergeht, steigt und fällt der Zuckeranteil deines Bluts andauernd, und das tut dir überhaupt nicht gut.

Von bergeweise Süßigkeiten können auch die Zähne kaputtgehen. Falls du noch Milchzähne hast, wirf doch den nächsten, der dir ausfällt, in ein Glas Limo und beobachte mal, was passiert.

25
WARUM SIEHT MAN IMMER DIESELBE SEITE VOM MOND?

Genau wie die Erde dreht sich der Mond um die eigene Achse. Doch das tut er genauso schnell, wie er um die Erde kreist! Beides zusammen führt dazu, dass er uns immer dieselbe Seite zuwendet.

26
WARUM IST DER MOND MANCHMAL AUCH TAGSÜBER ZU SEHEN?

Den Mond kannst du sowohl am Tag als auch in der Nacht sehen. Er kreist die ganze Zeit um die Erde und braucht für eine vollständige Umrundung 27,3 Tage. An manchen dieser Tage befindet er sich auf der Seite der Erde, die der Sonne zugewandt ist – dann siehst du ihn auch bei Tag. An anderen befindet er sich auf der sonnenabgewandten Seite der Erde, sodass du ihn nur bei Nacht siehst.

27
WIE GROSS IST DER MOND?

Die Oberfläche des Mondes beträgt knapp 38 Millionen Quadratkilometer. Wenn du dir den Mond und die Erde als Bälle vorstellst, wäre die Erde ungefähr so groß wie ein Basketball und der Mond so klein wie ein Tennisball!

28
WOHER KOMMT WEISSER SAND?

Die weißen Sandstrände der Malediven bestehen hauptsächlich aus … dem Kot von Papageifischen! Die können mit ihren robusten Zähnen Korallen abknabbern. Und wenn sie das tun, kommt hinten weißer Sand raus. Beim allergrößten Teil des Sandes, der an den Korallenriffen der Inseln entsteht, handelt es sich um Papageifischkot. Und hinter den weißen Sandstränden von Hawaii stecken sie ebenfalls!

29
WARUM SCHLAFEN PAPAGEIFISCHE IN ROTZBLASEN?

Wenn sie schlafen gehen, hüllen sich Papageifische in eine Blase aus Schleim oder anders ausgedrückt: aus Rotz. Im Korallenriff sind nämlich Parasiten zu Hause, die sonst an den schlummernden Fischen knabbern würden. Tagsüber werden die Parasiten von Putzerfischen gefressen, doch nachts schlummern die ebenfalls! Deshalb quetschen die Papageifische pünktlich zur Zubettgehzeit Schleim aus Drüsen hinter ihren Kiemen und verbarrikadieren sich in einer Blase.

AUGUST

Ein einziger Papageifisch kann jährlich bis zu 450 Kilogramm weißen Sand hervorbringen. Wenn wir die traumhaften Strände etlicher Inseln noch lange genießen wollen, müssen wir also dafür sorgen, dass es den Papageifischen gut geht.

30
WOHER KOMMEN STROMSCHLÄGE?

Alles, was es gibt, besteht aus Atomen – und diese winzig kleinen Dinger bestehen aus noch kleineren Dingern, nämlich aus Protonen, Elektronen und Neutronen. In der Regel enthält ein Atom genauso viele Elektronen wie Protonen. Wenn dieses Gleichgewicht jedoch kippt, weil zum Beispiel ein paar Elektronen von einem Atom auf ein anderes übergesprungen sind, ist letzteres Atom »geladen«. Das heißt, es will seine überschüssigen Elektronen schleunigst an etwas anderes abgeben. Oder an jemanden.

Wenn du über einen Wollteppich schlurfst, lädst du dich womöglich elektrisch auf, weil du durch die Reibung zusätzliche Elektronen aufgabelst. Berührst du dann eine Türklinke aus Metall, spürst du einen leichten Schlag. Das bedeutet: Die Extra-Elektronen haben sich soeben von dir verabschiedet!

AUGUST

31
WIE BEWEGT SICH ELEKTRISCHER STROM?

Elektrizität ist eine Form von Energie. Elektrischer Strom ist nichts anderes als fließende Elektronen, etwa in einem Kabel. Damit dieser Fluss in Gang kommt, muss ihn irgendetwas anschubsen, so was wie eine Batterie oder der Strom aus einer Steckdose. Stell dir am besten eine Glühbirne vor, von der zwei Drähte herabhängen. Klemmst du nun den einen Draht an das eine Ende einer Batterie und das andere ans andere, schiebt die Batterie Elektronen durch den ganzen Kreislauf – und das Licht geht an!

SEPTEMBER

1
WARUM HABEN OBERGORILLAS SILBERNE HAARE AM RÜCKEN?

2
WARUM LAUFEN GORILLAS NICHT WIE MENSCHEN?

3
WO SCHLAFEN GORILLAS IN DER NACHT?

4
WER WAREN DER ERSTE KÖNIG UND DIE ERSTE KÖNIGIN?

5
WARUM REDEN MANCHE LEUTE IM SCHLAF?

6
WIESO SCHLAFWANDELT MAN?

7
WARUM ZISCHEN STERNE DURCH DEN HIMMEL?

8
WO SCHLAFEN LÖWEN IN DER NACHT?

9
KRIEGEN MARIENKÄFER ZUM GEBURTSTAG IMMER EINEN NEUEN PUNKT?

10
WIE VIELE AFFEN KANN EINE PYTHONSCHLANGE AUF EINMAL VERSCHLINGEN?

11
WARUM DREHEN SICH RÄDER?

12
WARUM IST DER GEPARD SO SCHNELL?

13
IST NACHHALTIGES PALMÖL BESSER FÜR DIE UMWELT ALS NORMALES?

14
IST IN NEKTARINEN NEKTAR DRIN?

15
WIE VIELE VERSCHIEDENE PFLANZEN GIBT ES IM AMAZONAS-REGENWALD?

SEPTEMBER

16
WIE VIELE VERSCHIEDENE TIERE GIBT ES IM AMAZONAS-REGENWALD?

17
WAS FÜR HOSEN HATTEN DIE PIRATEN AN?

18
WÄREN PIRATEN GUTE POLITIKER?

19
WIE IST DIE PIRATENSPRACHE ENTSTANDEN?

20
WARUM HABEN PIRATEN SO VIEL RUM GETRUNKEN?

21
WIE VIELE LÄNDER GIBT ES AUF DER WELT?

22
WARUM FÜHREN MANCHE LÄNDER KRIEG?

23
WARUM VERWANDELN SICH RAUPEN IN SCHMETTERLINGE?

24
WARUM FLIEGEN SCHMETTERLINGE, ANSTATT ZU LAUFEN?

25
WARUM SCHEINT DIE SONNE SO HELL?

26
WIE KÖNNEN ASTRONAUTEN IM DUNKELN SEHEN?

27
WARUM LAUFEN KREBSE SEITWÄRTS?

28
WIE WURDEN DIE ÄGYPTISCHEN PYRAMIDEN GEBAUT?

29
WIE WECHSELT DAS CHAMÄLEON SEINE FARBE?

30
WOHER KOMMEN DIE IDEEN?

SEPTEMBER

1
WARUM HABEN OBERGORILLAS SILBERNE HAARE AM RÜCKEN?

Männliche Berggorillas werden Schwarzrücken genannt, bis sie ungefähr zwölf Jahre alt sind. Dann färben sich ihre Rückenhaare silbern. Das zeigt ihren Artgenossen an, dass sie es mit einem ausgewachsenen Männchen zu tun haben. Die älteren Männchen bezeichnet man alle als Silberrücken, doch jede Gorilla-Großfamilie hat nur einen Anführer.

Normalerweise ist der stärkste Gorilla auch der Boss der Familie. Er trifft die Entscheidungen, schlichtet Streitigkeiten, wehrt Feinde ab, spürt Futterplätze auf, sucht nach sicheren Orten für Nester und beschützt mit den anderen die Gorillababys. Viel zu tun, nicht wahr?

2
WARUM LAUFEN GORILLAS NICHT WIE MENSCHEN?

Einfach gesagt: Weil sie nicht dafür gebaut sind. Wir Menschen haben lange, schwere Beine und sind dafür obenrum kleiner. Gorillas sind obenrum riesengroß und haben lange, dicke Arme, aber kurze Beine. Früher dachte man, die wären dazu da, besser klettern zu können. Doch tatsächlich sitzen Gorillas lieber herum und angeln mit ihren langen Armen nach etwas Essbarem.

SEPTEMBER

3
WO SCHLAFEN GORILLAS IN DER NACHT?

Gorillas bauen sich Nester aus den Zweigen und Blättern des Regenwaldes. Einige tun dies hoch oben in den Bäumen, andere weiter unten – sie schlafen also in einer Art Gorillastockbett! Der Obersilberrücken nächtigt gerne am Boden, um jederzeit die Gruppe verteidigen zu können.

Mit ungefähr drei Jahren lernen kleine Gorillas, wie man Nester baut. Sie gucken einfach den Erwachsenen dabei zu. Bis dahin schläft das Kleine im Nest seiner Mutter – zumindest bis das nächste Baby da ist!

4
WER WAREN DER ERSTE KÖNIG UND DIE ERSTE KÖNIGIN?

Möglicherweise gab es schon ganz früher, als die Menschen noch überhaupt nichts aufschrieben, erste Könige und Königinnen – von denen wir aber nichts wissen.

Der erste König, der uns bekannt ist, hieß Enmebaragesi. Vor ungefähr 4700 Jahren herrschte er im Reich der Sumerer, dort, wo heute der Irak ist, über die Stadt Kiš. Auf der sumerischen Königsliste, einem uralten Tonblock, stehen etliche Namen, und Enmebaragesi ist der Erste, von dem wir sicher wissen, dass es ihn wirklich gegeben hat. Bei Ausgrabungen wurden nämlich Gefäße und andere Fundstücke mit seinem Namen entdeckt.

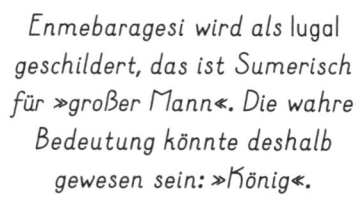

Enmebaragesi wird als lugal geschildert, das ist Sumerisch für »großer Mann«. Die wahre Bedeutung könnte deshalb gewesen sein: »König«.

Die erste Königin war vermutlich Ägypterin. Als aussichtsreichste Kandidatin gilt die Pharaonin Nofrusobek, die vor rund 3800 Jahren über Ägypten herrschte.

SEPTEMBER

5
WARUM REDEN MANCHE LEUTE IM SCHLAF?

In der Nacht durchlaufen wir verschiedene Schlafphasen. Erst kommt der leichte Schlaf, dann der Tiefschlaf und danach der Traumschlaf, den man auch REM-Schlaf nennt. REM steht für *rapid eye movement*, denn in dieser Phase bewegen sich unsere Augen unter den geschlossenen Lidern rasch hin und her. Wenn jemand im Schlaf redet, dann meistens während des leichten Schlafs, wenn ein Teil des Gehirns wach ist.

Viele Kinder reden im Schlaf. Das ist ganz normal. Es gibt sogar ein offizielles Wort dafür: Somniloquie. Übrigens machen wir im Schlaf auch noch alles Mögliche andere – manche Leute lachen, ächzen oder pfeifen!

6
WIESO SCHLAFWANDELT MAN?

Zum Schlafwandeln kommt es am ehesten in den ersten Stunden des Schlafs, wenn die Gehirnwellen stark verlangsamt sind. Der Körper setzt sich in Bewegung, das Gehirn aber schlummert weiter. Warum bestimmte Menschen schlafwandeln, kann niemand genau sagen, doch bei Kindern ist es auf jeden Fall häufiger. Vielleicht aufgrund von speziellen Stoffen im Körper, die Kinder wachsen lassen. Ausgelöst wird das Schlafwandeln von verschiedenen Dingen: von Sorgen, Fieber oder einem lauten Geräusch, das einen aufweckt, aber eben nur zum Teil.

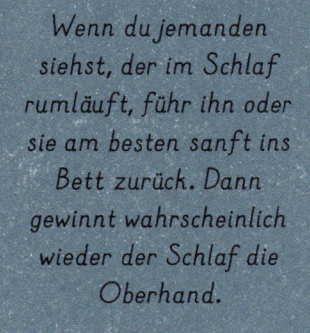

Wenn du jemanden siehst, der im Schlaf rumläuft, führ ihn oder sie am besten sanft ins Bett zurück. Dann gewinnt wahrscheinlich wieder der Schlaf die Oberhand.

SEPTEMBER

7
WARUM ZISCHEN STERNE DURCH DEN HIMMEL?

Unzählige Steinbröckchen rasen durch das Weltall. Hin und wieder nimmt eines davon Kurs auf die Erde. Sobald es in die Atmosphäre eintritt, verglüht es, und am Himmel erscheint eine Sternschnuppe. Wenn du eine siehst, geht da oben wahrscheinlich eine lange Reise durchs All zu Ende!

8
WO SCHLAFEN LÖWEN IN DER NACHT?

Löwen schlafen hauptsächlich am Tag! Sie leben in den Savannen Afrikas und im indischen Gir-Nationalpark. Weil es dort oft sehr heiß ist, legen sie sich zum Schlafen gerne in den Schatten.

9
KRIEGEN MARIENKÄFER ZUM GEBURTSTAG IMMER EINEN NEUEN PUNKT?

Leider nein. Wie praktisch es wäre, wenn man an den Punkten von Marienkäfern ihr Alter ablesen könnte! In Wirklichkeit haben sie meist je nach Art unterschiedlich viele Punkte. Der Vierundzwanzigpunkt-Marienkäfer hat bis zu 24, wird aber niemals 24 Jahre alt! Marienkäfer leben üblicherweise nur zwei, drei Jahre und feiern deshalb gar nicht so oft Geburtstag. Und es gibt sogar welche ohne Punkte!

SEPTEMBER

10
WIE VIELE AFFEN KANN EINE PYTHONSCHLANGE AUF EINMAL VERSCHLINGEN?

Kommt ganz drauf an, wie groß die Affen sind! Wenn sie 60 Zentimeter groß sind und die Python 6 Meter lang ist, könnte sie vielleicht acht Affen hintereinander runterwürgen. Und nach diesem Festmahl würde sie wahrscheinlich sechs bis zwölf Monate lang ohne neues Futter auskommen.

11
WARUM DREHEN SICH RÄDER?

Bei Autos, Bussen und so weiter drehen sie sich, weil sie von einer Maschine im Inneren des Fahrzeugs dazu gebracht werden – vom Motor. Die Räder deines Fahrrads drehst du selbst, indem du in die Pedale trittst. Das überträgt sich auf die Räder. So gesehen drehst du auf dem Rad ganz schön am Rad!

12
WARUM IST DER GEPARD SO SCHNELL?

Der Gepard ist das schnellste Landtier. Das liegt daran, dass sich sein stromlinienförmiger Körper perfekt für enorme Geschwindigkeiten bis zu 100 km/h eignet. Er ist sehr leicht und hat lange Beine, die optimale Kombination zum Sprinten.

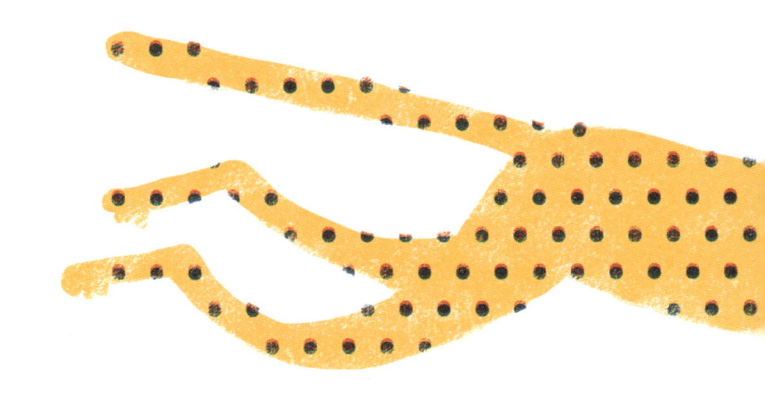

SEPTEMBER

13
IST NACHHALTIGES PALMÖL BESSER FÜR DIE UMWELT ALS NORMALES?

Palmöl wird aus der Frucht der Ölpalme gewonnen, die in Indonesien und Malaysia heimisch ist. Das Pflanzenöl ist in allem Möglichen enthalten, von Margarine über Kekse bis hin zu Waschmittel. Es kann sich sogar im Autokraftstoff verstecken! Für den Anbau von Ölpalmen werden Regenwälder abgeholzt. Dadurch verlieren viele Tiere ihr Zuhause, zum Beispiel Orang-Utans und Sumatra-Tiger. Nachhaltiges Palmöl muss hingegen nach bestimmten Regeln hergestellt werden. So dürfen dafür keine weiteren Wälder gerodet, mit Arbeiterinnen, Arbeitern muss fair umgegangen und die Plantagen sollen nicht mit gefährlichen Mitteln gespritzt werden.

Es ist besser, Produkte mit nachhaltigem Palmöl zu kaufen. Noch besser ist es aber, viel weniger Palmöl zu verbrauchen.

14
IST IN NEKTARINEN NEKTAR DRIN?

In Nektarinen steckt kein Nektar, auch wenn sie sehr süß sind. Pflanzen stellen zuckrigen Nektar her, um Tiere anzulocken. Das Wort »Nektar« ist aus zwei griechischen Begriffen zusammengesetzt: aus *nek = Tod* und *tar = überwinden*. Früher stellte man sich nämlich vor, dass Nektar zum ewigen Leben verhelfen könnte. Die alten Griechen hielten ihre Götter für große Nektartrinker.

SEPTEMBER

15
WIE VIELE VERSCHIEDENE PFLANZEN GIBT ES IM AMAZONAS-REGENWALD?

Der Amazonas-Regenwald, der größte Regenwald der Erde, erstreckt sich über neun Länder. Er quillt über vor Leben, vor Pflanzen wie Tieren. Da andauernd neue Pflanzenarten entdeckt werden, kann man kaum sagen, wie viele es insgesamt sind. Bisher haben Forscherinnen und Forscher mehr als 14 000 verschiedene Pflanzen gezählt, die aus Samen wachsen.

16
WIE VIELE VERSCHIEDENE TIERE GIBT ES IM AMAZONAS-REGENWALD?

Im Amazonas-Regenwald sind bereits zig Tausende verschiedene Tierarten entdeckt worden: 427 Säugetiere, zum Beispiel Ameisenbär, Riesenotter, Jaguar, Faultier und Flussdelfin. Rund 1300 Vögel, zum Beispiel Harpyie, Tukan und Ara. 378 Reptilien, zum Beispiel die Anakonda. Über 3000 Fische wie der Piranha. Über 400 Amphibien wie der Baumsteigerfrosch. Die meisten Tierarten dort sind aber Insekten.

SEPTEMBER

17
WAS FÜR HOSEN HATTEN DIE PIRATEN AN?

Piraten trugen weite Schlabberhosen – die richtige Kleidung, um auf Schiffsmasten zu klettern oder Schlachten auszufechten. Auf Unterwäsche verzichteten sie, die hätte sie nur eingeengt. Jepp, richtig gelesen: Die alten Seeräuber waren unter ihrer Hose nackig!

Weißt du, warum einige Piraten eine Augenklappe trugen? Na klar, sie hatten im Säbelgefecht ein Auge verloren ... aber halt, nicht unbedingt! Manche waren womöglich auf einem Auge erblindet, nachdem sie beim Navigieren zu lange in die Sonne gestarrt hatten. Oder sie fanden die Klappe einfach praktisch, weil so immer ein Auge an die Dunkelheit unter Deck gewöhnt war.

Der typische Piratenhut ist ein Dreispitz. Er war in dieser Zeit überhaupt sehr in Mode, auch bei Landratten.

18
WÄREN PIRATEN GUTE POLITIKER?

Von heute aus betrachtet waren die meisten Piraten vermutlich nicht besonders nett. Doch wie sie ihre Schiffsbesatzung organisierten, das war gar nicht verkehrt. Vor der Abfahrt wählten sie einen Kapitän sowie Offiziere, die das Sagen hatten. Da ihre Crew meist sehr groß war, musste der Einzelne nicht so hart arbeiten wie Seeleute auf Marine- oder Handelsschiffen. Außerdem einigten sie sich auf einen Piratenkodex, also auf bestimmte Regeln für alle, um Streitigkeiten leichter schlichten zu können. Der Kodex legte fest, wie die Crew zusammenleben sollte, und enthielt sinnvolle Anweisungen wie »Nicht kämpfen« und »Die Waffen in Schuss halten«. Denn für eine erfolgreiche Enterfahrt brauchte es ein gutes Team.

19
WIE IST DIE PIRATENSPRACHE ENTSTANDEN?

Die alten Piraten kamen aus allen Ecken der Welt. Deshalb sprachen sie ganz verschiedene Sprachen. Möglicherweise begrüßten sie einander nicht mit »Hallo!«, sondern schmetterten ihren Kumpanen ein »Ahoi!« entgegen. Etliche Redewendungen, die wir heute für typische Piratensprache halten, stammen allerdings aus Büchern und Filmen. Wer weiß, ob die echten Piraten wirklich andauernd »Beim Klabautermann!« gerufen haben …

Für seinen Roman Die Schatzinsel dachte sich der Schriftsteller Robert Louis Stevenson alle möglichen Piratenwörter und -sätze aus. Viele davon machte der Schauspieler Robert Newton in der Verfilmung aus den 1950er-Jahren berühmt. Arrrr!

20
WARUM HABEN PIRATEN SO VIEL RUM GETRUNKEN?

Piraten haben sich keineswegs nur an Gold und Edelsteinen vergriffen. Sie interessierten sich für alles, was einen Wert hatte – was man also anziehen, verkaufen, essen oder trinken konnte! Rum ist eine karibische Erfindung, und in der Karibik waren scharenweise Seeräuber unterwegs. Entsprechend wurde auf ihren Schiffen viel und gerne Rum getrunken. Häufig verdünnten sie ihn jedoch mit Wasser, um sich daraus einen heißen Grog zu machen.

In der Marine bekamen die Seeleute zur Mittagsstunde ihre tägliche Rumration zugeteilt. Piraten konnten sich jederzeit einen genehmigen!

21
WIE VIELE LÄNDER GIBT ES AUF DER WELT?

Das ist eine tolle Frage – und eine schwierige, weil sich die Fachleute überhaupt nicht einig sind! Einige sprechen von 189 Ländern, andere von bis zu 206. Das Wort »Land« hat nämlich verschiedene Bedeutungen. Ein Beispiel: Schottland, England, Wales und Nordirland kann man jeweils als eigenes Land bezeichnen. Zusammen bilden sie aber das Vereinigte Königreich, und nur das ist ein souveräner, also eigenständiger Staat. Andere Länder, so wie Italien, sind aus dem Zusammenschluss vieler kleiner Königreiche entstanden. Und manchmal zerfällt ein großes Land in einen Haufen kleinere. So kompliziert ist das!

22
WARUM FÜHREN MANCHE LÄNDER KRIEG?
ANTWORT VON LORD ALF DUBS

Wenn es zu einem Krieg kommt, dann meistens, weil bestimmte Länder nicht mehr miteinander reden wollen, sondern lieber miteinander kämpfen – ganz schön dumm. Manchmal verteidigt sich ein Land mit Waffen gegen ein anderes Land, von dem es bedroht oder angegriffen wird. Auch aus vielen anderen Gründen wird Krieg geführt. Schlimm ist, dass deshalb oft Menschen ihre Heimat verlassen müssen. Ich musste flüchten, als ich sechs war. Menschen fliehen, weil sie um ihr Leben fürchten, häufig wegen Krieg. Ich musste als Kind mein Zuhause verlassen, weil es dort zu gefährlich war für mich.

23
WARUM VERWANDELN SICH RAUPEN IN SCHMETTERLINGE?

Diese Verwandlung bezeichnet man als Metamorphose. Raupen müssen sehr schnell wachsen und haben deshalb riesige Mundwerkzeuge, mit denen sie fortwährend leckere Blätter verspeisen. Mit Flügeln könnten die kleinen Fressmaschinen noch nichts anfangen. Nach ihrer Verwandlung haben sie jedoch nur noch eines im Sinn: eine Partnerin oder einen Partner zu finden und viele Raupenbabys zu machen. Und dafür sind Flügel sehr praktisch, denn von der Luft aus kann man leichter die Umgebung absuchen.

24
WARUM FLIEGEN SCHMETTERLINGE, ANSTATT ZU LAUFEN?

Klar können Schmetterlinge fliegen, aber laufen auch! Wenn du mal wieder einen siehst, wirf einen Blick unter seine Flügel. Du wirst dort lange, dünne Beine erkennen. Und wenn du ihn eine Weile beobachtest, wirst du ihn ab und zu beim Laufen erwischen. Am ehesten, wenn er sich auf etwas Kleinem ausruht, wie auf einem Blütenkopf. Doch in einer Welt aus Blumen an langen Stängeln kommt er im Flug natürlich viel schneller und leichter von einer Blüte zur anderen als zu Fuß – und kann so mehr leckeren Nektar schlürfen.

SEPTEMBER

25
WARUM SCHEINT DIE SONNE SO HELL?

Die unglaubliche Strahlkraft der Sonne kommt davon, dass sie so viel Energie hervorbringt. Das Sonnenlicht, das innerhalb von einer Stunde auf die Erde fällt, könnte die Weltbevölkerung ein Jahr lang mit Strom versorgen. Sekunde für Sekunde pumpt die Sonne also eine gewaltige Menge an Energie ins All. In ihrem Zentrum ist es ungefähr 15 Millionen Grad heiß. Bei solchen Temperaturen verschmilzt fortlaufend Wasserstoff zu Helium, wobei Licht freigesetzt wird. Dieses Licht arbeitet sich Stück für Stück vom Sonnenkern nach außen und schießt durchs Weltall zu uns hinüber.

SEPTEMBER

26
WIE KÖNNEN ASTRONAUTEN IM DUNKELN SEHEN?

Auf Fotos von Astronauten im Weltall scheint es um sie herum stockfinster zu sein, doch in Wirklichkeit ist dort eine Menge Licht unterwegs! Auf der Erde wird das superhelle Sonnenlicht von Staub und anderen winzigen Teilchen in der Luft hin und her geworfen, sodass es alles beleuchtet. Im Weltall wird das Licht durch nichts gestreut, deshalb wirkt es immer so dunkel. Ist es aber nicht. Die Sonne ist ja trotzdem da und strahlt wie ein extrem starker Scheinwerfer durch den leeren Raum. Ja, zum Schutz vor ihrem infraroten Licht trägt man da oben manchmal sogar eine goldbeschichtete Sonnenbrille.

SEPTEMBER

27
WARUM LAUFEN KREBSE SEITWÄRTS?

Tatsächlich tun das nur bestimmte Krebse, nämlich die Krabben. Mit ihren seitlich positionierten Beinen und nach außen gebogenen Knien sind sie seitwärts einfach am schnellsten. So können sie sich ganz fix unter einen Stein oder in den Sand hineinschieben. Und dieses Verstecktalent ist für sie nützlicher als alles andere, denn sie fressen ohnehin das, was so übrig ist, und müssen selbst keine Beute jagen!

28
WIE WURDEN DIE ÄGYPTISCHEN PYRAMIDEN GEBAUT?

Die Cheops-Pyramide entstand über ungefähr 20 Jahre hinweg aus mehr als zwei Millionen Steinblöcken. Die Blöcke wurden in der Regel mit einfachen Kupferwerkzeugen bearbeitet und vermutlich auf Transportschlitten zum Bauplatz befördert. Wahrscheinlich errichteten die Arbeiter eine Rampe, die sich immer höher und höher um die wachsende Pyramide wand, um darauf die Steine für die einzelnen Schichten hinaufzuschleifen. Dann wuchteten sie die Blöcke wohl mit langen Hebelstangen an ihren Platz. Am Bau einer einzigen Pyramide müssen Tausende Arbeiter beteiligt gewesen sein. Fachleute wurden dafür entlohnt, und einfache Ägypter mussten keine Steuern zahlen, solange sie mithalfen. Außerdem erhielten sie während dieser Zeit Brot und einen Schlafplatz.

SEPTEMBER

29
WIE WECHSELT DAS CHAMÄLEON SEINE FARBE?

Indem es seine Haut ent- oder anspannt! Im entspannten Zustand liegen seine Hautzellen dicht beieinander und werfen deshalb Licht mit kurzer Wellenlänge zurück, zum Beispiel blaues Licht – und die Haut erscheint blau. Durch Anspannung entfernen sich die Zellen voneinander und reflektieren stattdessen gelbes, oranges und rotes Licht.

Für gewöhnlich ändern Chamäleons ihre Farbe je nach Stimmung. Manchmal aber auch, um ihre Körpertemperatur zu steuern: Wenn ihre Haut dunkel ist, nimmt sie viel Sonnenlicht auf, und ihnen wird warm. Ist sie hell, wird das Sonnenlicht zurückgeworfen, und es bleibt angenehm kühl.

30
WOHER KOMMEN DIE IDEEN?

Ideen können von überall kommen. Doch richtig interessant wird es erst, wenn du sie in die Tat umsetzt! Tu vor allem immer das, was dir wichtig ist. Sei neugierig und schau, was passiert. Und wenn du eine gute Idee hast, schreib sie auf. Selbst wenn sie nicht perfekt ist. Dann erzähl einer Freundin oder einem Freund davon, oder leg schon mal allein los. Egal, ob es eine Idee für eine Erfindung, einen köstlichen Kuchen oder ein Bild ist – oder für ein Buch wie dieses hier!

»Ehrlich gesagt, weiß ich es nicht so richtig. Ideen können einem praktisch überall kommen – unter der Dusche oder beim Einkaufen oder im Auto, wenn ein bestimmtes Lied im Radio läuft. Doch sobald ich eine habe, notiere ich sie mir ganz schnell irgendwo, manchmal nur in ein, zwei Wörtern. Warum ich das mache? Weil Ideen genauso plötzlich aus dem Kopf verschwinden können, wie sie darin aufgetaucht sind. Ein großartiger Quell neuer Ideen sind auch meine Kinder. Sie lesen sehr gern und haben eine blühende Fantasie. Und *zu* alberne Ideen gibt's sowieso nicht!«

ROB BIDDULPH, Kinderbuchautor und -zeichner

Die Kinderbuchfigur Matilda musste 20 Jahre lang in der Ideensammlung des Schriftstellers Roald Dahl warten, bis er endlich über sie schrieb. Und es dauerte noch länger, bis er die Geschichte so hinbekam, wie er es sich vorstellte. Also wirf nie die Flinte ins Korn!

»Früher dachte ich, nur wahnwitzig schlauen Menschen würden gute Ideen kommen. Ich malte mir aus, wie ihr Blick ein leeres Blatt Papier streift, und schon sprudeln die Wörter nur so aus ihnen heraus. Aber als ich selbst mehr und mehr geschrieben habe, ist mir langsam etwas klar geworden: Das stimmt gar nicht. Neue Ideen ploppen vielmehr gerne in den seltsamsten Momenten auf. Mir kommen sie meistens, wenn ich irgendein Abenteuer erlebe, ob in der Nähe meines Zuhauses oder in weiter Ferne. Ich habe mir Namen für Fantasieorte von Schildern in der Umgebung stibitzt und mich von Hundeschlittenfahrten in der Arktis und von meiner Zeit bei den kasachischen Adlerjägern in der Mongolei zu neuen Schauplätzen inspirieren lassen. Doch manchmal entspringen frische Geschichten auch ziellosen Tagträumereien. Man braucht bloß irgendeine Idee, über die noch niemand gestolpert ist, und es kann losgehen …«

ABI ELPHINSTONE, Kinderbuchautorin

OKTOBER

1
WIE MACHEN BÄUME
IHRE BLÄTTER?

2
WIE VIELE BÄUME GIBT ES
AUF DER WELT?

3
WIESO FALLEN DIE BLÄTTER
VON DEN BÄUMEN?

4
WARUM FÄRBT SICH DAS LAUB
IM HERBST ROT?

5
WARUM WIRD LAVA HART?

6
WARUM HAT DIE LAVA
AUS DEM VESUV NICHT ALLE HÄUSER
VON POMPEJI ZERSTÖRT?

7
WARUM HABEN FÜCHSE
ORANGES FELL?

8
WARUM HABEN MÄNNER
BRUSTWARZEN?

9
IST DIPPY DER DIPLODOCUS
(DER FRÜHER IN LONDON
IM MUSEUM STAND) EIN JUNGE
ODER EIN MÄDCHEN?

10
WIE VIELE SATELLITEN FLIEGEN
DURCHS ALL?

11
WIE SCHLAFEN WALE?

12
GIBT ES NACHTAKTIVE FISCHE?

13
SEIT WANN ZIEHEN SICH
DIE MENSCHEN KLAMOTTEN AN?

14
WIE UNTERSCHEIDEN SICH
MENSCHENAFFEN VON
ANDEREN AFFEN?

15
WARUM KLETTERN AFFEN
AUF BÄUME?

OKTOBER

16
WARUM TUT ES SO WEH,
WENN MAN SICH DEN
ELLBOGEN ANHAUT?

17
WARUM GEHEN NARBEN
NIE MEHR WEG?

18
WAS FÜR GERÄUSCHE MACHEN
WASSERSCHWEINE?

19
WER HAT DAS ERSTE FLUGZEUG GEBAUT?

20
WARUM FALLEN FLUGZEUGE
NICHT VOM HIMMEL?

21
WIE GING DER ERSTE ZAUBERTRICK
DER WELT?

22
WIE VIELE HASEN GIBT ES
AUF DER WELT?

23
WARUM SCHLAFEN BÄREN
DEN GANZEN WINTER LANG,
OBWOHL SIE SO EIN WARMES
FELL HABEN?

24
WIE ENTSTEHEN HÖHLEN?

25
SIND FLEDERMÄUSE BLIND?

26
WARUM BLEIBEN SPINNEN NICHT AN
IHREM EIGENEN NETZ KLEBEN?

27
WARUM WURDEN
ÄGYPTISCHE MUMIEN
EINGEWICKELT?

28
WIE STELLEN SCHLANGEN
IHR GIFT HER, UND WIE GREIFEN
SIE DAMIT AN?

29
WIE KÖNNEN TIERE MENSCHEN
VERGIFTEN?

30
WARUM SCHNITZT MAN
ZU HALLOWEEN GESICHTER
IN KÜRBISSE?

31
WER HAT SICH HALLOWEEN
AUSGEDACHT?

1
WIE MACHEN BÄUME IHRE BLÄTTER?

Alles, was lebt, besteht aus winzigen Bausteinen: den Zellen. In Pflanzen steckt eine bestimmte Art davon: das Bildungsgewebe. Solange die Pflanze lebt, teilen sich diese Zellen immer wieder. Dabei können sie unterschiedliche Aufgaben übernehmen. Wenn die Pflanze größer wird, steuern bestimmte Stoffe, wie sich einzelne Zellen entwickeln. So kann eine Zelle, die bisher zum Stängel gehört hat, zum Ausgangspunkt eines Blattes werden. Ihre Form, Funktion und Wachstumsrichtung ändern sich, und die ersten Blattzellen wachsen vom Stängel nach außen.

2
WIE VIELE BÄUME GIBT ES AUF DER WELT?

Auf der Welt gibt es mehr als drei Billionen Bäume. Damit kommen auf einen einzigen Menschen ungefähr 400 Bäume!

3
WIESO FALLEN DIE BLÄTTER VON DEN BÄUMEN?

Das ist gar nicht bei allen Bäumen so, sondern nur bei den … Laubbäumen! Doch nun zum Thema: Zum Wachsen brauchen Bäume Nahrung und Wasser. Im Sommer sind ihre Blätter superfleißig dabei, mithilfe von Sonnenlicht wertvolle Nährstoffe herzustellen – das ist die Fotosynthese. In Herbst und Winter scheint seltener die Sonne, die Fotosynthese klappt also nicht mehr so gut. Und anstatt ihre hübschen Blätter mühevoll weiter zu versorgen, verabschieden sich die Bäume lieber davon und gönnen sich einen kräftesparenden Winterschlaf!

4
WARUM FÄRBT SICH DAS LAUB IM HERBST ROT?

Ehe sie ihre Blätter abwerfen, saugen laubabwerfende Bäume alle energiereichen Nährstoffe aus ihnen heraus und heben sie für später auf. Das Gleiche gilt für das Chlorophyll, von dem die grüne Farbe der Pflanzen kommt. Chlorophyll verleiht ihnen die Superkraft, aus der Energie des Sonnenlichts nahrhaften Zucker zu gewinnen. Im Herbst, wenn nur selten die Sonne scheint, brauchen die Blätter nicht so viel Chlorophyll. Darum wandert es zurück in die Äste, den Stamm und die Wurzeln. Und sobald es verschwunden ist, treten all die anderen Farben des Laubs zutage: Gelb, Orange, Rot …

OKTOBER

5
WARUM WIRD LAVA HART?

Lava ist flüssiges Gestein aus den Tiefen der Erde – jepp, da unten ist es so heiß, dass selbst Stein schmilzt! Solange sie sich unter der Erde befindet, wird die glühende Masse als Magma bezeichnet, doch sobald der Vulkan sie ausspuckt, nennt man sie Lava. Hart wird Lava ganz einfach, wenn sie abkühlt. Bei der obersten Schicht geht das oft recht schnell – manchmal kann man schon nach einer Viertelstunde über die Kruste spazieren. Doch eben diese Kruste hält die Lava darunter warm, sodass sie weiter fließt. Man *kann* Lava zwar mit Wasser schneller abkühlen, doch ein paar Eimer voll reichen definitiv nicht!

Richtig dicke Lavaschichten – 30 Meter dick oder so – erstarren erst nach Jahren vollständig.

6
WARUM HAT DIE LAVA AUS DEM VESUV NICHT ALLE HÄUSER VON POMPEJI ZERSTÖRT?

Als im Jahr 79 n. Chr. der Vesuv ausbrach, ging die Stadt Pompeji unter – allerdings nicht nur in Lava, sondern vor allem in Asche, die auf Menschen und Häuser hinabregnete. Die Bewohnerinnen und Bewohner dachten sich wohl zuerst nicht viel dabei, als die Asche vom Himmel fiel. Doch diesmal war der Ascheregen tödlich. Er dauerte tagelang an und begrub die ganze Stadt unter sich. Dabei schwebten die Flocken so sachte herab, dass die meisten Gebäude erhalten blieben.

Plinius der Ältere, der die römische Flotte in der Gegend befehligte, hatte keine Eile. Er aß zu Mittag, hielt ein Nickerchen, nahm ein Bad. Erst dann ließ er die Segel nach Pompeji setzen, um bei der Rettung zu helfen. Und kam zu spät. Aus dem Ascheregen wurde ein Steinhagel, und bald flog der ganze Vulkan in die Luft! In den folgenden Jahren machte der Wechsel von Regen und Sonnenschein die Asche hart.

Erst lange Zeit später, im Jahr 1748, suchten Forscher im Auftrag des spanischen Königs Karl III. nach dem verschütteten Pompeji. Wären dessen Gebäude ganz und gar unter Lava begraben worden, wäre kaum etwas davon übrig geblieben – und wir wüssten heutzutage nicht halb so viel über den Alltag im alten Rom!

Schätzungen zufolge starben beim Untergang von Pompeji ungefähr 2000 Menschen, darunter Plinius der Ältere.

7
WARUM HABEN FÜCHSE ORANGES FELL?

Nicht alle Rotfüchse sind rot oder orange, es gibt auch welche mit goldfarbenem, braunem, silbernem oder schwarzem Fell. Genauso schwankt die rötliche Färbung. Es kommt ganz darauf an, wo der Fuchs lebt. Die passende Farbe lässt ihn mit der Umgebung verschmelzen, sodass er sich leichter vor größeren, gefräßigen Tieren verstecken kann!

8
WARUM HABEN MÄNNER BRUSTWARZEN?

Obwohl sie keine Milch geben können, haben die meisten männlichen Säugetiere Brustwarzen. Das liegt daran, dass alle Babys erst mal gleich aussehen, wenn sie im Bauch zu wachsen beginnen, und auch alle Brustwarzen bekommen. Nach ungefähr sechs Wochen werden aus manchen dieser Embryos Jungs, sie entwickeln sich also anders als die Mädchen. Aber die Brustwarzen sind nun schon mal da!

9
IST DIPPY DER DIPLODOCUS (DER FRÜHER IN LONDON IM MUSEUM STAND) EIN JUNGE ODER EIN MÄDCHEN?

Dazu können wir leider nichts sagen, denn Jungs- und Mädchendinos sehen praktisch gleich aus! Nur wenn man in einem Dinosaurierskelett Eier findet, war es eindeutig ein Weibchen.

OKTOBER

10
WIE VIELE SATELLITEN FLIEGEN DURCHS ALL?

Satelliten sind Flugkörper, die um die Erde oder um andere Planeten kreisen. Die Vereinten Nationen zählen genau mit, was alles ins All geschickt wird. Dem *Online Index of Objects Launched into Outer Space* zufolge kreisten Anfang 2022 fast 5000 Satelliten um die Erde und sieben um andere Planeten.

Jahr für Jahr werden Hunderte Satelliten ins Weltall geschossen. Viele davon sind inzwischen nur noch Schrott, der das Weltall vermüllt!

11
WIE SCHLAFEN WALE?

Um sich auszuruhen, schweben Wale im Wasser oder schwimmen dösend neben einem anderen Wal her. Auf offener See wurden schon öfter schlummernde Pottwale gesehen, die senkrecht im Wasser hingen. Die Wale befinden sich dabei wahrscheinlich nur im Halbschlaf, damit sie nicht vergessen, hin und wieder an der Oberfläche Luft zu holen. Und »Halbschlaf« ist wörtlich zu nehmen: Ihre Gehirnhälften nicken abwechselnd weg! Das haben Untersuchungen an Walen ergeben, die in Zoos leben.

12
GIBT ES NACHTAKTIVE FISCHE?

Sogar eine Menge! Die meisten sind einfarbig und haben riesengroße Augen. Der Langstachelhusar ist orange, und seine Augen sind fast dreimal so groß wie die eines ähnlich großen tagaktiven Fisches.

Bootsmannfische verkriechen sich tagsüber im Sand und wagen sich nur nachts hervor. Die Männchen werben mit einem enorm lauten Summen um die Gunst der Weibchen.

195

13
SEIT WANN ZIEHEN SICH DIE MENSCHEN KLAMOTTEN AN?

Wie die ersten Urmenschen wohl auf die Idee kamen, sich in Tierfelle und -häute zu hüllen? Vermutlich waren sie nicht ganz so behaart wie ihre Vorfahren und spürten deshalb die Kälte stärker. Doch wann war das? Die Anthropologie, also die Wissenschaft vom Menschen, hat sich das Erbgut von Läusen angeschaut, um dieser Frage auf die Spur zu kommen. Es stellte sich heraus, dass sich wahrscheinlich schon vor 170 000 Jahren eine neue Art von Läusen entwickelte. Die lebten nicht auf der Kopfhaut, sondern in schmutziger Kleidung. Als diese zweite Lausart auftauchte, müssen die ersten Menschen also in Klamotten herumgelaufen sein.

OKTOBER

Und seit wann ziehen wir uns schick an, um gut auszusehen? Damit könnte es vor etwa 34000 Jahren losgegangen sein. In der Dzudzuana-Höhle in den Ausläufern des Kaukasus-Gebirges in Georgien wurden Flachsfasern entdeckt. Gut möglich, dass die Menschen, die einst dort lebten, daraus die erste Leinenkleidung machten.

14
WIE UNTERSCHEIDEN SICH MENSCHENAFFEN VON ANDEREN AFFEN?

Alle Affen gehören zur Ordnung der Primaten – so wie wir auch. Wir Primaten haben Hände, handähnliche Füße und nach vorne ausgerichtete Augen. Die meisten Primaten (aber nicht wir Menschen!) leben auf Bäumen. Im Gegensatz zu anderen Affen haben Menschenaffen keinen Schwanz, dafür aber ein größeres Gehirn. Außerdem sind sie in der Regel größer und leben länger. Menschenaffen schwingen sich von Ast zu Ast, während ihre kleineren Verwandten lieber darauf entlanglaufen.

Zu den Menschenaffen gehören Gorillas, Schimpansen, Orang-Utans, Bonobos und Gibbons. Keine Menschenaffen sind Paviane, Kapuzineraffen, Pinseläffchen und Lisztaffen.

15
WARUM KLETTERN AFFEN AUF BÄUME?

Viele Affenarten verbringen fast ihr ganzes Leben in den Wipfeln der Bäume. Dort oben finden sie ihr Futter. So wie die Stummelaffen, die in einem fort auf der Suche nach leckeren Blättern von Ast zu Ast huschen. Abgesehen davon bieten die Bäume Schutz vor anderen Tieren, die es auf Affen abgesehen haben. Wie praktisch, dass man sich zwischen Laub und Zweigen so gut verstecken kann!

OKTOBER

16
WARUM TUT ES SO WEH, WENN MAN SICH DEN ELLENBOGEN ANHAUT?

Durch deinen Ellenbogen führt der Ellennerv, der vom Hals bis zur Hand verläuft. Normalerweise werden die feinfühligen Nerven von Knochen und Muskeln abgeschirmt – doch genau am Ellenbogen befindet sich ein Stück vom Ellennerv praktisch ungeschützt unter der Haut. Stößt du dich ausgerechnet dort, ist das entsprechend unangenehm.

»Die Ellenbogen ausfahren« heißt so viel wie »sich rücksichtslos durchsetzen«. Wenn man an den Ellennerv denkt, könnte das allerdings böse enden …

17
WARUM GEHEN NARBEN NIE MEHR WEG?

Wenn eine Verletzung erst nach drei oder vier Wochen richtig verheilt, entsteht häufig eine Narbe. Schneidest du dich irgendwo, leitet dein Körper Kollagen dorthin, um die Haut zu reparieren. Kollagen ist ein zäher weißer Stoff, der die Ränder der Wunde verbindet wie eine Brücke. Um Schmutz draußen zu halten, bildet sich darüber meist eine Schorfkruste. Die fällt irgendwann ab, doch falls tiefere Hautschichten verletzt wurden, bleibt eine Narbe zurück.

18
WAS FÜR GERÄUSCHE MACHEN WASSERSCHWEINE?

So einige! Sind sie gut drauf, machen sie Schnalzlaute, die sich ein bisschen anhören wie das Hämmern eines Spechts. Bei Gefahr »bellen« sie oder stoßen ein mürrisches Grunzen aus. Und wenn sich eine Wasserschweintruppe auf den Weg irgendwohin macht, stimmt sie ein richtiges Chorlied an – einen Radau aus Quieken, Pfeifen und Schnalzen!

Wasserschweine, auch Capybaras genannt, können sich auch ganz anders miteinander »unterhalten«: Sie schicken einander Botschaften, indem sie Pflanzen und Bäume mit Duftstoffen aus Drüsen in ihrem Popo markieren.

OKTOBER

19
WER HAT DAS ERSTE FLUGZEUG GEBAUT?

Die erste motorisierte Flugmaschine, die tatsächlich mit einem Menschen vom Boden abhob, war eine Erfindung der Brüder Wilbur und Orville Wright. Am 17. Dezember 1903 glückte ihnen im amerikanischen Kitty Hawk erstmals ein gesteuerter Flug – mit Orville an Bord, der bäuchlings auf dem Flügel lag. Ganze zwölf Sekunden lang befand er sich in der Luft. Am selben Tag hoben die Brüder noch zu drei weiteren Kurzflügen ab.

Das selbst gebaute Flugzeug der Gebrüder Wright kannst du heute im Smithsonian National Air and Space Museum in Washington besichtigen.

20
WARUM FALLEN FLUGZEUGE NICHT VOM HIMMEL?

Zuerst einmal brauchen sie Triebwerke, also Motoren und so weiter, um vom Boden abzuheben und sich durch die Luft zu schieben. Der eigentliche Clou ist aber die spezielle Form der Flügel. Erst als man die raushatte, konnten die Flugzeuge wirklich fliegen. Die Tragflächen müssen so konstruiert sein, dass der Luftstrom im Flug von unten dagegendrückt und die Maschine dadurch am Himmel hält.

21
WIE GING DER ERSTE ZAUBERTRICK DER WELT?

Die älteste Geschichte über einen Zaubertrick findet sich im Westcar-Papyrus, einer ägyptischen Schriftrolle mit mehreren Erzählungen. In einer davon fordert Pharao Cheops (der von der gleichnamigen Pyramide) den Zauberer Dedi auf, seine Magie zu demonstrieren. Dedi lässt drei enthauptete Tiere wieder zusammenwachsen: eine Gans, eine Ente und einen Stier. Dieses Kunststück ist inzwischen ein wenig aus der Mode gekommen! Ein anderer jahrtausendealter Trick ist hingegen immer noch sehr beliebt, doch für den braucht man zum Glück nur ein paar Becher und Bälle.

22
WIE VIELE HASEN GIBT ES AUF DER WELT?

Meinst du nur die Feldhasen mit den langen Ohren oder auch die kleinen, pummeligen Kaninchen? So oder so kann die Frage niemand ernsthaft beantworten, weil kein Mensch die Tiere alle zählen kann! Millionen Kaninchen leben in Ställen, und auf Feldern und Wiesen treiben sich ihre wilden Verwandten sowie unzählige Hasen herum. Bei den Kaninchen gibt es übrigens Hunderte Rassen, und es werden immer noch neue gezüchtet!

23
WARUM SCHLAFEN BÄREN DEN GANZEN WINTER LANG, OBWOHL SIE SO EIN WARMES FELL HABEN?

Stimmt, das dicke Fell hält die Bären warm. Nur wegen der Kälte müssten sie wohl kaum den ganzen Winter schlafen. Dahinter steckt etwas anderes: Bären ernähren sich von Insekten, Beeren, Nüssen und vom Saft der Bäume, außerdem von Fleisch und Fisch. Im Sommer finden sie reichlich zu fressen und futtern sich eine schöne Fettschicht an. Im Winter sieht es schlecht aus mit Bärenfutter. Also kuscheln sie sich in ihre Höhle und schlafen – bis zu sieben Monate lang! In dieser Zeit liefert ihnen ihr Fettvorrat die nötige Energie.

Bärenjunge kommen häufig im Winter zur Welt. Und wenn der Frühling anbricht, tapsen die Bärenmama und ihre Kinder gemeinsam aus der Höhle!

Während des Winterschlafs müssen Bären weder fressen noch aufs Klo. Ihr Hintern verschließt sich deshalb mit einem Pfropfen aus Kot, Fell, Pflanzenresten und Hautfetzen von ihren Füßen. Und pünktlich zum Frühlingsbeginn wird der Stöpsel rausgefeuert!

In etlichen Gegenden der Welt gibt es Höhlen. Kennst du eine in deiner Nähe?

24
WIE ENTSTEHEN HÖHLEN?

Höhlen bilden sich meist in einer bestimmten Art von Gestein, dem Kalkstein. So hart der auch ist, mit der Zeit kriegt ihn das Regenwasser klein. Es dringt durch Ritzen ins Gestein ein und höhlt es langsam aus, bis man – nach sehr langer Zeit – hineinspazieren kann: Eine Höhle ist entstanden! Das Wasser fließt dann oft im Untergrund wieder aus der Höhle hinaus und kommt zum Beispiel an einem Hang als Quelle zum Vorschein.

25
SIND FLEDERMÄUSE BLIND?

Sind sie nicht! Anders als viele glauben, können Fledermäuse sehr wohl sehen. Die kleinen insektenfressenden Fledermäuse haben auch winzig kleine Augen, während die größeren Flughunde sogar richtig große haben. Flughunde sehen die Welt in Farbe und nutzen ihre Augen, um Hindernissen auszuweichen oder um zu erspähen, in welchen Bäumen die schönsten Früchte hängen. Die kleinen Fledermäuse sehen meist nur in Schwarz-Weiß, doch wenn sie tagsüber unterwegs sind, setzen auch sie auf ihre Augen, um nicht irgendwo dagegenzufliegen.

Im Dunkeln orientieren sich manche Fledermäuse mit einer Art Sonar: Sie stoßen für uns nicht hörbare, hohe Töne aus und lauschen darauf, wie das Echo von der Umgebung zurückgeworfen wird. Das geht alles blitzschnell, und danach wissen sie besser Bescheid, wie es um sie herum aussieht.

OKTOBER

26
WARUM BLEIBEN SPINNEN NICHT AN IHREM EIGENEN NETZ KLEBEN?

Weil sie es kaum berühren, nicht mal während sie es bauen. Sie kommen nur mit den Härchen an ihren Beinen und Klauen an die klebrigen Fäden. Diese Härchen verankern die Spinne im Netz, sodass sie nicht runterfällt – doch weil eben nur ein paar Härchen Kontakt damit haben, bleibt sie nicht kleben. Im Gegensatz zu einer Fliege, die komplett hineinrauscht und nicht mehr wegkommt. Und im Gegensatz zu uns tollpatschigen Riesen: Wenn du in ein Spinnennetz langst, berührst du es mit einer großen Hautfläche, und dann bleibt es natürlich an dir kleben!

27
WARUM WURDEN ÄGYPTISCHE MUMIEN EINGEWICKELT?

Die alten Ägypter glaubten an ein Leben nach dem Tod. Um ins Totenreich zu gelangen, musste man allerdings den eigenen Körper dorthin mitnehmen. Beim Tod, so der Glaube, verließ die Seele erst einmal den Körper. Doch falls dieser erhalten blieb, konnte er später wieder zum Leben erwachen und ins Jenseits einziehen. Da es in Ägypten so heiß ist, war es nicht leicht, tote Körper länger zu erhalten. Zuerst nahm man die Organe heraus, dann wurde die Leiche getrocknet, danach wickelte man sie zu ihrem Schutz in Leinen. Alles, damit die Seele später in den Körper zurückkehren und ihn im Totenreich wiederverwenden konnte!

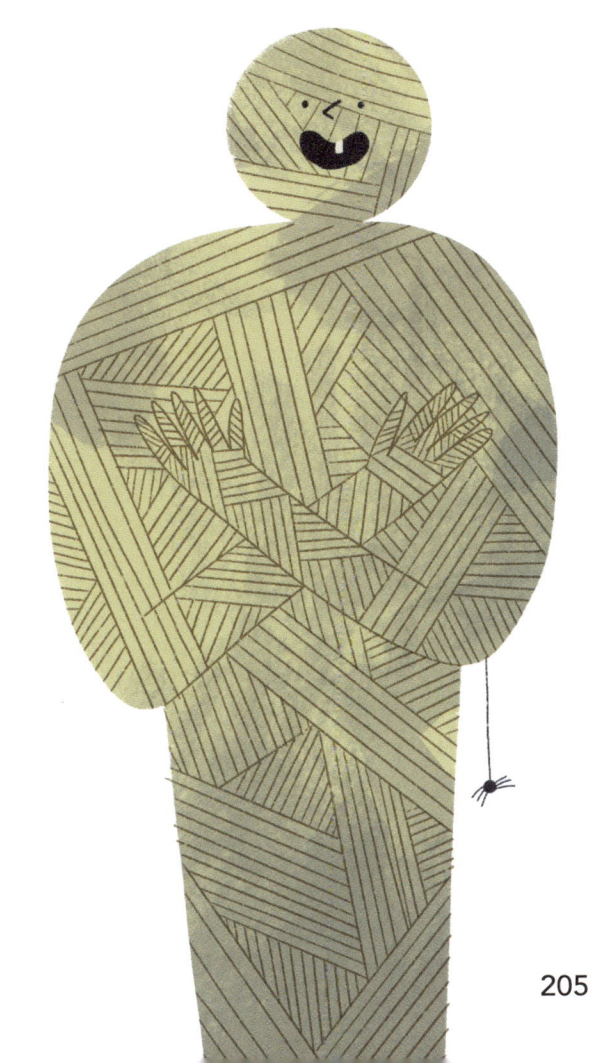

OKTOBER

Die Speikobra spuckt ihr Gift bis zu drei Meter weit!

28
WIE STELLEN SCHLANGEN IHR GIFT HER, UND WIE GREIFEN SIE DAMIT AN?

Schlangen beißen ihr Opfer mit Fangzähnen, um ihm ihr Gift einzuspritzen. Hergestellt wird dieses Gift in bestimmten Drüsen – ganz ähnlich, wie wir Speichel produzieren. Manche Schlangen können ihr Gift sogar kraftvoll durch hohle Giftzähne hindurchspucken!

29
WIE KÖNNEN TIERE MENSCHEN VERGIFTEN?

Da gibt es verschiedenste Möglichkeiten! Das Gift kann durch einen Biss oder Stich in den Körper gespritzt werden. Vielleicht dringt es auch durch die Nase, die Augen oder die Haut ein – oder durch den Mund, falls man es verschluckt. Skorpione, Schlangen und Bienen beißen oder stechen, Kröten tragen ihr Gift dagegen auf der Haut. Also wenn du eine angefasst hast: Hände waschen!

OKTOBER

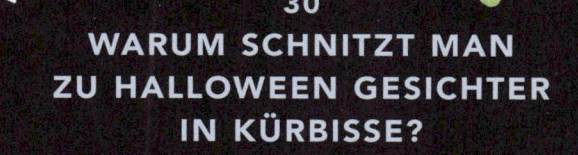

30
WARUM SCHNITZT MAN ZU HALLOWEEN GESICHTER IN KÜRBISSE?

Schon seit Langem wird zu dieser Jahreszeit Gemüse zurechtgeschnitzt und von innen mit Kerzen beleuchtet. Früher nahm man dazu gerne Rüben her, heute hauptsächlich Kürbisse. Und wozu das Ganze? Die gruseligen Gemüsegeister sollen Gespenster verscheuchen, die sich womöglich in der Gegend herumtreiben!

Hast du schon mal selbst eine Kürbislaterne geschnitzt? Wenn nicht, mach dich doch zu Halloween zusammen mit deinen Eltern an die Arbeit! Wenn im Dunkeln eine Kerze darin flackert, sieht das richtig toll aus.

31
WER HAT SICH HALLOWEEN AUSGEDACHT?

Der Ursprung von Halloween ist das alte irische Fest Samhain, das vor ungefähr 2000 Jahren erstmals gefeiert wurde. Die Kelten begingen damit den Anbruch des Winters. Sie glaubten, dass an diesem Punkt im Jahreslauf die Grenze zwischen unserer Welt und der Welt der Geister und Seelen durchlässig wird. Im 19. Jahrhundert wanderten viele Menschen aus Irland in die USA aus und nahmen ihren alten Brauch mit. Dieser wandelte sich dort zu Halloween – mitsamt Verkleidungen, Süßem oder Saurem und jeder Menge Spaß.

NOVEMBER

1
WENN DIE POLKAPPEN SCHMELZEN, WAS WIRD DANN AUS DEN EISBÄREN?

2
WOHER KOMMEN DIE NORDLICHTER?

3
WARUM GIBT ES KEINE DINOSAURIER MEHR?

4
WARUM SIND NICHT AUCH DIE GANZEN ANDEREN TIERE VON DER ERDE VERSCHWUNDEN, ALS DIE DINOS AUSGESTORBEN SIND?

5
WIE KOMMT DAS FEUERWERK IN DEN HIMMEL?

6
WARUM LEUCHTEN DIE STERNE AM HIMMEL?

7
WARUM STAMPFEN ELEFANTEN MIT DEN FÜSSEN?

8
WARUM HABEN MANCHE TIERE VIER BEINE UND ANDERE ZWEI?

9
WARUM KACKEN TIERE?

10
WARUM SIND REGENBOGEN SO BUNT?

11
WARUM SIND SCHNEEFLOCKEN WEISS?

12
WARUM IST DER HIMMEL BLAU?

13
WIESO IST DIE SONNE GELB?

14
WIE WÜRDE ES AUSGEHEN, WENN EIN WANDERFALKE UND EIN GEPARD EIN WETTRENNEN MACHEN?

15
WIE ERLEGEN FALKEN IHRE BEUTE?

NOVEMBER

16
WARUM SIND SCHILDKRÖTEN GRÜN-BRAUN?

17
WARUM KÖNNEN MENSCHEN NICHT MIT DEN OHREN WACKELN?

18
WAS WAR DAS ERSTE TIER DER WELT?

19
WARUM MÜSSEN PFERDE HUFEISEN TRAGEN?

20
WARUM MÖGEN PILZE KEINE SONNE?

21
WAS IST DER GRÖSSTE SAMEN DER WELT?

22
WARUM STERBEN WIR?

23
WARUM KLEBT SCHNEE ZUSAMMEN, ABER EISWÜRFEL NICHT?

24
WARUM ZITTERN WIR?

25
WIE FLIEGEN VÖGEL?

26
WELCHER VOGEL FLIEGT AM HÖCHSTEN?

27
WARUM FLIEGEN VÖGEL?

28
WARUM FLIEGEN VÖGEL VOR MENSCHEN DAVON?

29
WER HAT DIE KUNST ERFUNDEN?

30
WARUM MACHEN WIR KUNST?

1
WENN DIE POLKAPPEN SCHMELZEN, WAS WIRD DANN AUS DEN EISBÄREN?

Das ist eine tolle Frage – wäre die Antwort nur nicht so traurig. Die Eisbären leben am Nordpol, im ewigen Eis der Arktis, und wenn das schmilzt, verlieren sie ihr Zuhause. Sie fressen hauptsächlich Robben und brauchen das Meereis, um von dort aus ihre Beute zu jagen. Je weniger Eis, desto schwieriger wird es für die Eisbären, sich zu ernähren. Und sie benötigen jede Menge Futter, um nicht abzumagern: alle zehn Tage eine ausgewachsene Robbe oder mehrere Jungtiere! Da das Eis stetig zurückgeht, müssen die Bären auf der Jagd schon jetzt häufig weit schwimmen, was sie fünfmal so viel Kraft kostet wie zu laufen.

NOVEMBER

Sollte das Meereis weiter im derzeitigen Tempo zurückgehen, könnte die Anzahl der Eisbären bis zum Jahr 2050 um zwei Drittel sinken. Wäre das nicht furchtbar? Deshalb müssen wir den Klimawandel aufhalten. Die Erde darf sich nicht immer weiter aufheizen, das Meereis nicht immer weiter schmelzen. Eine Welt ohne Eisbären – das kann niemand wollen.

2
WOHER KOMMEN DIE NORDLICHTER?

Mit etwas Glück kannst du in nördlichen Gefilden wie Island, Grönland, Skandinavien, Alaska und Kanada bunte Lichtmuster am Nachthimmel tanzen sehen. Die Nordlichter, die auch *Aurora borealis* genannt werden, scheinen wie von Zauberhand am Firmament aufzutauchen. In Wirklichkeit entstehen sie, wenn der Sonnenwind auf das Magnetfeld der Erde trifft. Der Sonnenwind ist ein steter Strom elektrisch geladener Teilchen aus der Sonne. Vom schützenden Magnetfeld der Erde wird er zu deren Polen im Norden und Süden gelenkt. Und wenn die Teilchen dort mit dem Sauerstoff und Stickstoff der Erdatmosphäre reagieren, kannst du farbenfrohe Lichter bestaunen.

3
WARUM GIBT ES KEINE DINOSAURIER MEHR?

Der größte Teil der Dinosaurier starb aus, nachdem vor ungefähr 66 Millionen Jahren ein riesiger Asteroid in die Erde eingeschlagen war. Doch das Tolle ist: Dinosaurier gibt es trotzdem noch! Schau doch mal aus dem Fenster. Vielleicht fliegt ein Vogel vorbei. Das ist ein direkter Nachfahre der Dinos, die vor Jahrmillionen auf der Erde lebten.

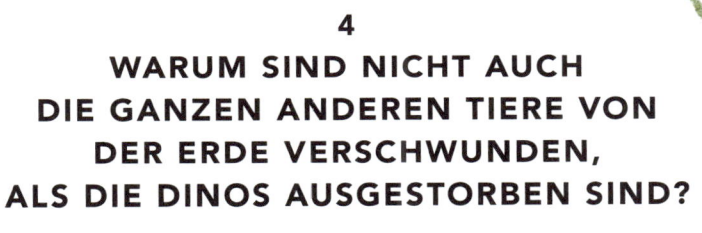

4
WARUM SIND NICHT AUCH DIE GANZEN ANDEREN TIERE VON DER ERDE VERSCHWUNDEN, ALS DIE DINOS AUSGESTORBEN SIND?

Vor Millionen von Jahren löschte ein verheerender Asteroideneinschlag drei Viertel des Lebens auf der Erde aus. Überall brannten Wälder, rund um den Globus ging ein Säureregen nieder. Am schlimmsten traf es die Dinosaurier. Die großen Pflanzenfresser brauchten massenweise Futter und verhungerten bald, als die Pflanzenwelt zugrunde ging – wodurch auch die Fleischfresser hungern mussten. Nur Tiere, die sich von abgestorbenen und verrottenden Pflanzen ernähren konnten, so wie Insekten, Würmer und Schnecken, schlugen sich noch irgendwie durch. Auch kleine Säugetiere, Vögel, Reptilien, Amphibien und Fische kamen zurecht.

5
WIE KOMMT DAS FEUERWERK IN DEN HIMMEL?

Feuerwerk ist eine rund zweitausend Jahre alte Erfindung aus China. Dort wurde das Schwarzpulver entwickelt – und wenn man es in ein Bambusrohr füllt und das ins Feuer wirft, geht das Ding in die Luft! Im Schwarzpulver der alten Chinesen steckte Kaliumnitrat, und genau damit werden heute noch unsere Feuerwerksraketen hochgejagt. Nur dass man dazu eine Lunte anzündet. Sobald die abgebrannt ist, lässt das Schwarzpulver den Flugkörper senkrecht in den Himmel schießen – und dort oben angekommen, macht es *Bumm!*

6
WARUM LEUCHTEN DIE STERNE AM HIMMEL?

Obwohl sie weit, weit von der Erde entfernt sind, können wir die Sterne sehen. Und zwar, weil sie extrem heiß sind. Sie bestehen aus Wasserstoff, einem sehr leichten Gas, das abbrennt. Dadurch schleudern die Sterne massenweise Licht und Hitze ins All und leuchten an unserem Himmel!

7
WARUM STAMPFEN ELEFANTEN MIT DEN FÜSSEN?

Wenn Elefanten mit den Füßen aufstampfen, wollen sie meistens andere Elefanten warnen. Mithilfe solcher »Stampfsignale« können sie sich über große Distanzen hinweg unterhalten – bis zu 30 Kilometer! Wie das geht? Das Stampfen eines Elefanten lässt Erschütterungen durch den Erdboden wandern. Die Vibrationen nehmen ihre Artgenossen noch in weiter Ferne mit ihren Füßen wahr.

8
WARUM HABEN MANCHE TIERE VIER BEINE UND ANDERE ZWEI?

Abgesehen von vielbeinigen Tieren wie Insekten und von beinlosen wie Schlangen haben Landtiere zwei oder vier Beine. Auf jeden Fall ist es eine gerade Zahl, denn nur so können sie schnell geradeaus laufen und sich ohne Probleme drehen. Da wir Menschen auf zwei Beinen laufen, können wir unsere Arme für anderes benutzen. Für die meisten Tiere ist es jedoch praktischer, auf vier Beinen andere Tiere zu jagen oder vor Jägern davonlaufen zu können!

9
WARUM KACKEN TIERE?

Aus demselben Grund wie du: um das loszuwerden, was nach dem Verdauen von der Nahrung übrig bleibt. Die meisten Tiere brauchen dafür ungefähr zwölf Sekunden.

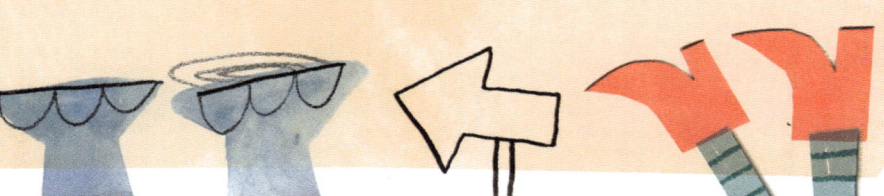

Elefanten machen Riesenhaufen, die sind tausendmal so groß wie Hundehaufen. Wombats machen keine Haufen, sondern kleine Würfel. Nilpferdbullen lassen beim Kacken manchmal ihren Schwanz kreiseln, um das Stinkzeug durch die Luft zu schleudern und so Nilpferdkühe zu beeindrucken!

10
WARUM SIND REGENBOGEN SO BUNT?

Ist dir das schon mal aufgefallen? Regenbogen tauchen praktisch nur auf, wenn es regnet und zugleich die Sonne scheint. Tatsächlich stecken all diese Farben immer im Sonnenlicht, bloß sehen wir sie normalerweise nicht. Nur wenn die Sonne einen Vorhang aus Regen bescheint, zeigen sie sich: Trifft das Licht auf die Regentropfen, wird es wie von einem Kristallprisma abgelenkt, gebrochen und reflektiert. Dabei zerfällt es in seine verschiedenen Farben. Und weil die unterschiedlich stark gebrochen werden – Violett am stärksten und Rot am schwächsten – zieht sich ein Band aus sieben Farben über den Himmel.

11
WARUM SIND SCHNEEFLOCKEN WEISS?

Eigentlich sind sie durchsichtig und bestehen aus Eiskristallen. Sie sehen für uns nur weiß aus, weil die Eiskristalle alle Farben des Sonnenlichts auf einmal wie wild hin und her werfen – und das nehmen wir als Weiß wahr.

12
WARUM IST DER HIMMEL BLAU?

Das Sonnenlicht bewegt sich in Kurvenbahnen, sogenannten Wellen. Manche Wellen sind kurz. Von denen kommt eher blaues Licht. Andere sind lang. Von denen kommt eher rotes. Treffen Sonnenstrahlen auf die Erdatmosphäre, die den Globus einhüllt wie eine dicke Decke aus Gasen, streuen deren Teilchen die Wellen in alle Richtungen. Am weitesten werden die kurzen blauen Wellen verteilt – deshalb sieht der Himmel so oft blau aus. Diesen Effekt nennt man Rayleigh-Streuung, weil er von einem Baron Rayleigh entdeckt wurde.

13
WIESO IST DIE SONNE GELB?

Auf Fotos aus dem Weltall sieht die Sonne weiß aus, von der Erde aus aber meist gelb oder orange. Besonders, wenn die Sonne am Morgen oder am Abend tief über dem Horizont steht. Das hat denselben Grund wie die blaue Farbe des Himmels: die Streuung des Sonnenlichts durch die Erdatmosphäre. Weil der blaue Anteil des Sonnenlichts weit über den Himmel verteilt wird, bleibt vor allem gelbes und rotes übrig – und wir sehen die Sonne gelb oder orange über uns leuchten!

14
WIE WÜRDE ES AUSGEHEN, WENN EIN WANDERFALKE UND EIN GEPARD EIN WETTRENNEN MACHEN?

In der Wildnis bringen Geparden es meist »nur« auf ungefähr 50 km/h, weil sie auf der Jagd bei etwas langsamerem Tempo leichter die Richtung wechseln können. Doch bei frei lebenden Geparden wurden auch schon kurze Sprints mit über 80 km/h gemessen. Dann sind sie aber erst mal ganz schön fertig!

Wanderfalken schaffen bis zu 390 km/h, wenn sie im Sturzflug auf den Boden zuschießen. Im normalen Flug sind sie mit 60 bis 90 km/h unterwegs.

Das bedeutet: Würden ein Wanderfalke und ein Gepard in gerader Linie nebeneinanderher rasen, wäre es ein enges Rennen! Vermutlich hätte der Falke knapp den Schnabel vorn, doch ein richtig fitter Gepard könnte durchaus den Sieg davontragen!

Bei einem bestimmten Geparden-Geschwindigkeitsrekord wurde besonders genau gemessen. Aufgestellt hat ihn eine Gepardin, die als Junges von Menschen aufgezogen wurde. Ein Naturschützer befestigte ein Stück Fleisch an seinem Auto – und die Gepardin jagte ihm mit 102 km/h hinterher.

15
WIE ERLEGEN FALKEN IHRE BEUTE?

Falken sind absolute Spitzenjäger. Erspäht ein Falke eine leckere Beute am Boden, schießt er wie ein Pfeil vom Himmel hinab – im Sturzflug. Um optimal zu beschleunigen, legt er seine spitz zulaufenden Schwingen an. Zwischendurch schlägt er bis zu viermal pro Sekunde mit den Flügeln, ohne dass ihn das viel Kraft kosten würde. Eine Art Wulst schirmt seine Augen von blendendem Licht ab wie eine Sonnenbrille. Spezielle Knochen fixieren sie selbst bei abrupten Bewegungen.

Schließlich erlegt der Falke seine Beute mit seinen Krallen und einem scharfen Zacken an seinem Schnabel.

Ein Falke stürzt sich so schnell vom Himmel hinab, dass der Luftzug seine Lunge sprengen könnte! Warum das trotzdem nicht passiert? Weil Falken stiftartige Zapfen in den Nasenlöchern haben, die den Luftstrom regeln – das ist eine so clevere Idee der Natur, dass wir Menschen genau die gleiche Technik in manche Flugzeuge einbauen.

NOVEMBER

16
WARUM SIND SCHILDKRÖTEN GRÜN-BRAUN?

Panzer und Körper von Schildkröten haben die gleiche Farbe wie die Blätter, Bäume und Felsen ihres natürlichen Lebensraums. So werden sie von anderen Tieren, die gerne Schildkröten fressen, im besten Fall gar nicht erst entdeckt. Etliche Tiere sind wahre Meister der Tarnung.

17
WARUM KÖNNEN MENSCHEN NICHT MIT DEN OHREN WACKELN?

Katzen, Hunde und Pferde wackeln gerne mit den Ohren – sie bewegen ihre Lauscher in die Richtung von Geräuschen. Unsere Vorfahren hatten das ebenfalls drauf, doch heute geht es auch ohne. Und trotzdem können 10 bis 20 Prozent von uns sehr wohl mit den Ohren wackeln! Mit etwas Übung kannst du es dir vielleicht sogar beibringen, aber die meisten beherrschen es von Geburt an.
Oder eben nicht.

18
WAS WAR DAS ERSTE TIER DER WELT?

Zu den allerersten könnten die *Dickinsonia* gehört haben: klumpenförmige, teils womöglich über einen Meter große Kreaturen, die sich vermutlich angefühlt hätten wie eine feste Qualle. Fossilien davon wurden in der Nähe des Weißen Meers in Russland gefunden – aus einer Zeit vor einer halben Milliarde Jahren!

NOVEMBER

19
WARUM MÜSSEN PFERDE HUFEISEN TRAGEN?

Weil wir Menschen auf ihnen reiten! Auf Kühen und Hunden reiten wir nicht, deshalb müssen die sich auch keine Schuhe oder so anziehen. Hufeisen schützen die Pferde vor Verletzungen und bewahren ihre Hufe vor Abnutzung, besonders auf hartem Untergrund. Bei einem Ritt auf weichem Untergrund, etwa über eine Wiese, brauchen sie deshalb eigentlich gar keine. Dort können sie auch »barhuf« geritten werden.

Für mehr Trittfestigkeit bei rutschigem Boden werden manchmal Stollen unter die Hufeisen geschraubt. So ähnlich, wie du es vielleicht von Fußballschuhen kennst.

20
WARUM MÖGEN PILZE KEINE SONNE?

Pilze trinken nicht, wie wir es tun. Stattdessen saugen sie Wasser aus der Erde. An Stellen, wo häufig die Sonne hinscheint, trocknet der Boden aus, weshalb die Pilze dort nicht wachsen und gedeihen können. Damit sie sich wohlfühlen, braucht es eine Menge Feuchtigkeit.

21
WAS IST DER GRÖSSTE SAMEN DER WELT?

Der größte und schwerste Samen der Welt sieht aus wie ein Hintern! Er stammt von der seltenen Seychellenpalme, die – Überraschung – auf den Seychellen-Inseln im Indischen Ozean zu finden ist. Ihre Samen, sprich: ihre Nüsse sind bis zu 50 Zentimeter lang und wiegen manchmal ganze 25 Kilo.

NOVEMBER

22
WARUM STERBEN WIR?

Warum wir sterben müssen, das wissen wir nicht.
Wir wissen nur, dass alles, was lebt, dass jede und
jeder eines Tages sterben wird.
Es gibt kaum etwas Schlimmeres als den Tod eines
geliebten Menschen. Falls so etwas passiert, vergiss
nie, dass es ganz normal ist, deswegen traurig zu sein.
Dass es in Ordnung ist, zu weinen. Sprich vielleicht mit
jemandem über diesen geliebten Menschen. Sich
zu erinnern, ist schön. Oder falls dich das zu traurig
macht, schreib über deine Gefühle, male ein Bild
oder drück sie auf andere Weise aus. Wenn es dir
schlecht geht, wende dich an jemanden, dem
du vertraust. Das kann nie schaden.

Kennst du jemanden, der einen geliebten Menschen
verloren hat? Vielleicht kannst du das Gefühl der
Einsamkeit durch Zuhören lindern. Oder hilft es mehr,
miteinander Spaß zu haben, etwas zu spielen?
Dann ist das auch in Ordnung.

Beim Trauern gibt es kein Richtig und Falsch. An
manchen Tagen geht es dir vielleicht gut, an anderen
schlecht. Doch jeden geliebten Menschen wirst du
immer in deinem Herzen, in der Erinnerung tragen.
Und Erinnerungen können Freude bereiten. Sprich mit
anderen, die diesen Menschen genauso vermissen wie du.
Oder sprich in Gedanken mit ihm selbst. Wann immer
du dich erinnerst, ist er praktisch wieder da. Und ich
bin mir sicher, er hatte dich sehr lieb.

NOVEMBER

23
WARUM KLEBT SCHNEE ZUSAMMEN, ABER EISWÜRFEL NICHT?

Schnee besteht aus Eiskristallen. Wenn du einen Schneeball machst, quetschst du die Kristalle mit den Händen, wodurch sie teilweise schmelzen. Wenn du fertig bist, frieren diese Kristalle zusammen – der Ball bleibt ganz. Leichter Pulverschnee klebt jedoch nicht, und wenn man ihn noch so sehr zusammenpresst, weil seine Eiskristalle einfach nicht schmelzen. Aus demselben Grund kleben auch Eiswürfel nicht zusammen: Das gefrorene Eis ist zu kalt, um an den Rändern zu schmelzen und miteinander verklebt wieder zu gefrieren.

24
WARUM ZITTERN WIR?

Wenn dir richtig kalt ist, zitterst du. Dabei bewegen sich deine Muskeln ganz schnell – so wärmt sich dein Körper auf. Wenn dir richtig heiß ist, schwitzt du. Und der Schweiß, der auf deiner Haut verdunstet, kühlt dich ab.

Egal, wann man nachmisst, dein Körper ist immer um die 37 Grad warm. Außer du hast Fieber!

NOVEMBER

25
WIE FLIEGEN VÖGEL?

Vögel sind in jeder Hinsicht fürs Fliegen geschaffen. Entscheidend sind ihre Flügel und ihr geringes Gewicht. Die spezielle Form der Flügel sorgt dafür, dass die Luft genau so darüber und darunter vorbeiströmt, dass der Vogel sich vorwärts und aufwärts bewegt. Die Flügelfedern sind buchstäblich federleicht, aber sehr robust, und die glatten äußeren Federn am Körper verleihen den Tieren ihre stromlinienförmige Gestalt. Dass Vögel kaum etwas wiegen, liegt an ihren hohlen Knochen und daran, dass sie im Gegensatz zu uns Menschen kaum Muskelmasse haben. Ihre stärksten Muskeln nutzen sie dazu, kräftig mit den Flügeln zu schlagen.

26
WELCHER VOGEL FLIEGT AM HÖCHSTEN?

Der Sperbergeier schafft es auf sage und schreibe 11 300 Meter! Mit seinen fantastischen Augen kann er aus schwindelerregender Höhe den Erdboden absuchen. Und wenn er etwas Essbares entdeckt, stößt er hinab.

Manche Vögel, zum Beispiel die Lerche, können flügelschlagend auf der Stelle fliegen. Größere Vögel wie der Adler und der Albatros lassen sich von aufsteigender warmer Luft oder vom Wind hoch hinauftragen und stark beschleunigen. Die meisten Vögel aber bewegen einfach ihre Flügel auf und ab, um von A nach B zu kommen.

NOVEMBER

27
WARUM FLIEGEN VÖGEL?

Wer fliegen kann, hat einen Riesenvorteil gegenüber allen, die nicht fliegen können. Vögel legen mühelos weite Strecken zurück. Einige ziehen je nach Jahreszeit in wärmere oder kältere Gegenden, sodass die Temperatur immer genau richtig für sie ist. Manche suchen in einem großen Gebiet nach Futter, Wasser oder Partnern. Außerdem bauen Vögel ihre Nester gerne da, wo man nur von der Luft aus hinkommt, in Baumwipfeln oder an Felswänden. So können sie ihre Jungen aufziehen, ohne Raubtiere fürchten zu müssen.

28
WARUM FLIEGEN VÖGEL VOR MENSCHEN DAVON?

Seit Jahrtausenden machen wir Menschen Jagd auf Vögel oder klauen Eier aus ihren Nestern. Kein Wunder also, dass sie uns instinktiv als Gefahr wahrnehmen und sich lieber von uns fernhalten. Es gibt jedoch Ausnahmen: Vögel, die auf Inseln ohne natürliche Feinde oder Menschen leben, so wie manche Pinguine. Die kennen uns überhaupt nicht und watscheln deshalb manchmal aus purer Neugier auf uns zu.

29
WER HAT DIE KUNST ERFUNDEN?
ANTWORT VON ROB RYAN

Was ist Kunst? Und was sind Künstlerinnen und Künstler? Genügt es, sich selbst so zu nennen? Wahrscheinlich hast du als kleines Kind mal deine Hand in Farbe getunkt und auf ein Blatt Papier gepatscht und damit ein Bild erschaffen. Und ein Bild ist Kunst. Das heißt, du selbst warst schon mit zwei oder drei ein echter Künstler oder eine echte Künstlerin!

Reisen wir mal in die Vergangenheit, weit zurück in eine Zeit, als die Menschen noch in Höhlen lebten. Da saßen sie also ums Lagerfeuer, und wo Feuer ist, da ist Asche. Die mussten sie nur mit ein wenig Wasser vermischen, und schon konnten sie mit Stöcken oder mit den Fingern an den Wänden ihrer Höhle malen. Manchmal zeichneten sie Strichmännchen von sich selbst, wie sie jagten oder herumliefen, oder sie machten einfach Handabdrücke wie du als kleines Kind. Wenn man so will, haben diese Menschen damals die Kunst erfunden!

30
WARUM MACHEN WIR KUNST?
ANTWORT VON OLIVER JEFFERS

Ganz einfach: Weil wir können! Tiere sind meistens nur damit beschäftigt, einfach zu überleben. Doch wir haben uns so entwickelt, dass wir noch Zeit und Hirnpower übrig haben, *nachdem* wir für Nahrung, Sicherheit und so weiter gesorgt haben. Nur deshalb kamen wir irgendwann dazu, die großen Fragen zu stellen: Warum leben wir? Und wie sollen wir unsere kostbare Zeit auf Erden verbringen?

Wir denken und fühlen und müssen all dies zum Ausdruck bringen, um zu begreifen, dass wir Teil von etwas Größerem sind. Dass wir zueinander gehören.

So gesehen, kann man als Mensch kaum etwas Wichtigeres machen als Kunst.

Oft sagen uns Bilder etwas, lange bevor wir Worte lesen und verstehen können.

Oft löst Kunst etwas in uns aus, das wir nicht in Worte fassen können.

Doch Kunst zu machen, kann auch etwas anderes, Einfacheres bedeuten: die Welt zu verschönern und sich an dieser Schönheit zu erfreuen.

DEZEMBER

1
WAS WAR DER URKNALL?

2
WARUM IST DER URKNALL PASSIERT?

3
WAS WAR VOR DEM URKNALL, UND GAB ES DA SCHON PLANETEN?

4
WARUM DEHNT SICH DAS UNIVERSUM IMMER WEITER AUS?

5
WAS WAR DER ERSTE SPORT?

6
WARUM HABEN GÜRTELTIERE SO EINEN KLEINEN KOPF UND SO EINEN DICKEN KÖRPER?

7
WARUM TREFFEN SICH EISBÄREN UND PINGUINE NIE?

8
WOHER SOLL MAN WISSEN, DASS MAN NICHT GERADE TRÄUMT?

9
WARUM WIRD MAN ABENDS MÜDE UND HUNGRIG?

10
WIE GROSS KÖNNEN KREBSE WERDEN?

11
WIE LERNEN ENTCHEN SO SCHNELL SCHWIMMEN?

12
WARUM GEHEN RUDERWANZEN NICHT UNTER?

13
WARUM WIRD KRICKET NUR IN MANCHEN LÄNDERN GESPIELT?

14
WARUM WAR SEIT *APOLLO 17* NIEMAND MEHR AUF DEM MOND?

15
HAT EIN ASTRONAUT MAL DEN WEIHNACHTSMANN GESEHEN?

16
WIE SCHICKT DER KÖRPER FRAGEN AN DAS GEHIRN, UND WIE SCHICKT DAS GEHIRN SEINE ANTWORTEN?

DEZEMBER

17
WARUM KÖNNEN ARME UND BEINE EINSCHLAFEN, UND WARUM KRIBBELT ES DANN SO?

18
WARUM SCHMÜCKEN WIR ZU WEIHNACHTEN ABGESÄGTE BÄUME?

19
WAS WIRD NACH WEIHNACHTEN AUS DEN GANZEN WEIHNACHTSBÄUMEN?

20
WARUM GIBT ES AN WEIHNACHTEN GESCHENKE?

21
IST JEDE SCHNEEFLOCKE EINZIGARTIG?

22
WIE FINDEN DIE RENTIERE VOM WEIHNACHTSMANN IM DUNKELN IHREN WEG?

23
WIRD ÜBERALL WEIHNACHTEN GEFEIERT?

24
WEISS DER WEIHNACHTSMANN WIRKLICH VON ALLEN KINDERN, OB SIE BRAV WAREN?

25
WER HAT DEN ERSTEN FALLSCHIRM GEMACHT?

26
WARUM PLATZT DIE SCHALE VON EIERN, WENN MAN SIE FALLEN LÄSST?

27
WIE SIND DIE MENSCHEN SO SCHLAU GEWORDEN?

28
WAS IST DAS GRÖSSTE GEMÄLDE DER WELT?

29
WIE IST DAS MIT DER KÖRPERTEMPERATUR VON TIEREN?

30
WARUM SIND REPTILIEN SO SCHEU?

31
WARUM GIBT ES WEIHNACHTSLIEDER, ABER KEINE SILVESTERLIEDER?

DEZEMBER

1
WAS WAR DER URKNALL?

Der Urknall war eine gewaltige Explosion.
Er ist der Ursprung von allem – von Raum und Zeit
und aller Materie, aus der Sterne, Galaxien und Planeten
gemacht sind. Vieles deutet darauf hin, dass dieser
Augenblick ungefähr 13,82 Milliarden Jahre zurück-
liegt. Würdest du so weit in die Vergangenheit reisen,
würdest du ein Universum vorfinden, das nicht
größer ist als dieser Punkt.

2
WARUM IST DER URKNALL PASSIERT?

Die Wissenschaft sucht noch
nach einer Antwort auf diese
Frage. Vielleicht wirst du sie
eines Tages finden?

3
WAS WAR VOR DEM URKNALL, UND GAB ES DA SCHON PLANETEN?

Am Anfang des Universums stand der Urknall – das wissen wir. Doch was davor war, wissen wir nicht. Ja, es ist sogar die Frage, ob davor *irgendetwas* war! Womöglich begann mit dem Urknall die Zeit selbst. Dann hätte es keine Zeit vor dem Urknall gegeben.

Manche Wissenschaftlerinnen und Wissenschaftler gehen davon aus, dass es vor dem Urknall bereits etwas gab. Dass der Urknall nur unser eigenes, »kleines« Universum schuf, das lediglich eines von vielen Universen ist. Möglicherweise ploppen immer wieder neue Universen auf – innerhalb eines größeren Raums, den man Multiversum nennt. Doch was war vor dem Multiversum? Wir wissen es nicht. Noch nicht!

4
WARUM DEHNT SICH DAS UNIVERSUM IMMER WEITER AUS?

Inzwischen weiß man, dass die sogenannte dunkle Energie das Universum auseinandertreibt und den Raum dehnt. Doch was die dunkle Energie ist, kann man nicht genau sagen! Um dahinterzukommen, bauen Forscherinnen und Forscher große Teleskope. Damit wir eines Tages bis ins Detail nachvollziehen können, warum sich das Universum ausdehnt.

Woher wir wissen, dass sich das Universum ausdehnt? Wenn man ferne Galaxien durchs Teleskop beobachtet, sieht man, dass sie sich immer noch weiter von uns entfernen.

5
WAS WAR DER ERSTE SPORT?

Sicher sein kann man sich nicht, doch wie es aussieht, gibt es zwei Sportarten schon ein bisschen länger als alle anderen: Laufen und Ringen. Im französischen Lascaux wurden 15 000 bis 17 000 Jahre alte Höhlenmalereien entdeckt, auf denen Menschen zu sehen sind, die sich laufend und ringend verausgaben. Außerdem schon recht lange dabei: Bogenschießen, Schwimmen und eine Frühform des Sumoringens.

Die ersten Olympischen Spiele der Antike, über die es ein paar Aufzeichnungen gibt, wurden 776 v. Chr. abgehalten und bestanden aus einer einzigen Disziplin: einem Wettlauf. Den Sieg trug ein gewisser Koroibos davon, der nebenbei auch noch Priester war. Er triumphierte im Stadionlauf über 192 Meter und bekam dafür – einen Olivenzweig!

6
WARUM HABEN GÜRTELTIERE SO EINEN KLEINEN KOPF UND SO EINEN DICKEN KÖRPER?

Gürteltiere ernähren sich hauptsächlich von Insekten. Da ist ein kleiner Kopf, mit dem man gut in Löchern wühlen kann, sehr praktisch. Es gibt ungefähr zwanzig Gürteltierarten, die ganz unterschiedlich daherkommen. Doch den dicken, schützenden Panzer auf Rücken und Popo haben sie alle gemeinsam.

Das kleinste Gürteltier ist der Gürtelmull. Er sieht ein bisschen aus wie eine flauschige weiße Maus mit einer rosafarbenen Decke auf dem Rücken.

Das Riesengürteltier hat haufenweise Zähne, mehr als alle anderen Säugetiere, und es wird bis zu einen Meter lang – den Schwanz nicht mitgerechnet!

7
WARUM TREFFEN SICH EISBÄREN UND PINGUINE NIE?

Eisbären leben in der Arktis, also rund um den Nordpol, während Pinguine auf der Südhalbkugel leben, die meisten in der Antarktis, also rund um den Südpol. Deshalb sind sie sich in freier Wildbahn nie begegnet – vom einen Ende des Planeten bis zum anderen ist es einfach zu weit!

Schon gewusst? Das Wort »Arktis« kommt vom griechischen Wort für »Bär« – und »Antarktis« bedeutet »kein Bär«! Doch die Griechen hatten dabei gar nicht die Eisbären im Sinn, sondern das Sternbild Großer Bär. Das ist normalerweise nur am Nachthimmel über der Nordhalbkugel der Erde zu sehen.

DEZEMBER

8
WOHER SOLL MAN WISSEN, DASS MAN NICHT GERADE TRÄUMT?

Kurz gesagt: Man kann es nicht mit Sicherheit wissen. Vor 2300 Jahren träumte der chinesische Philosoph Zhuangzi, er wäre ein Schmetterling. Und als er aufwachte, überlegte er: »Woher soll ich wissen, ob ich Zhuangzi war, der träumte, er wäre ein Schmetterling, oder ob ich genau jetzt ein Schmetterling bin, der träumt, er wäre ein Mensch namens Zhuangzi?« Es ist eben gar nicht schwer, dem Gehirn eine bestimmte Wirklichkeit vorzuspiegeln – dafür sind Träume der beste Beweis.

9
WARUM WIRD MAN ABENDS MÜDE UND HUNGRIG?

Dein Gehirn sagt deinem Körper, wann du aufwachen und wann du schlafen gehen sollst. So ähnlich wie ein Wecker. Wenn es dunkel wird, gibt es das Signal zum Wegschlummern. Und falls du dann noch hungrig bist, hast du dir im Lauf des Tages wohl nicht genug leckeres, gesundes Essen gegönnt.

10
WIE GROSS KÖNNEN KREBSE WERDEN?

An Land gibt es keine größeren Krebse als die sogenannten Palmendiebe. Voll ausgewachsen, messen sie von Schere zu Schere bis zu einen Meter. Noch imposanter ist die Japanische Riesenkrabbe, die im Meer lebt: 4 Meter von Schere zu Schere. Das ist länger als ein Sibirischer Tiger von der Schnauze bis zur Schwanzspitze!

11
WIE LERNEN ENTCHEN SO SCHNELL SCHWIMMEN?

Nach dem Schlüpfen dürfen Entenküken nur zehn Stunden lang im Nest kuscheln, dann geht es mit Mama zur ersten Schwimmstunde! Den Kleinen bleibt gar nichts anderes übrig, als schleunigst schwimmen und – nach ein paar Wochen – auch fliegen zu lernen. Nur so können sie vor denen fliehen, die sie fressen wollen, und selbst nach Nahrung suchen.

12
WARUM GEHEN RUDERWANZEN NICHT UNTER?

Ruderwanzen leben unter Wasser, kommen aber immer wieder an die Oberfläche. Wie sie das anstellen? An ihrem Bauch sitzen unzählige winzige Haare. Die haben kleine Kerben, in denen Luft eingeschlossen wird – so als lägen sie auf einer winzigen Luftmatratze. Sobald sie sich unter Wasser nicht irgendwo festklammern, ploppen sie dadurch nach oben.

13
WARUM WIRD KRICKET NUR IN MANCHEN LÄNDERN GESPIELT?

Beim Kricket muss man wie beim Baseball einen Ball mit einem Schläger wegschlagen, und auch sonst haben die beiden Sportarten vieles gemeinsam. Gespielt wird Kricket aber nur in einigen Ländern. Warum? Es ist eine britische Erfindung – und als es in Großbritannien immer beliebter wurde, brachten die Briten es überall dorthin, wo sie gerade Kolonien hatten: nach Indien, Südafrika, Australien … Deshalb werden bis heute internationale Kricket-Turniere veranstaltet.

DEZEMBER

14
WARUM WAR SEIT *APOLLO 17* NIEMAND MEHR AUF DEM MOND?

Im Rahmen der *Apollo*-Missionen spazierten von 1969 bis 1972 mehrere Menschen über die Mondoberfläche. Der letzte war Eugene Cernan im Jahr 1972. Danach stellte die amerikanische Raumfahrtbehörde NASA das *Apollo*-Programm ein. Denn sie hatte ihr großes Ziel erreicht, zum Mond zu fliegen – und diese Flüge waren sündhaft teuer. Deshalb stellte sie sich ab sofort anderen Herausforderungen.

Seit der ersten Mondlandung sind mehr als fünfzig Jahre vergangen. Inzwischen plant die NASA, bald zum Mond zurückzukehren. Wenn alles glattgeht, soll eines Tages eine Raumstation um den Erdtrabanten kreisen: der Gateway. Ein Zwischenstopp für die Astronauten der Zukunft auf ihrem Raketenflug in die Tiefen des Weltalls!

DEZEMBER

15
HAT EIN ASTRONAUT MAL DEN WEIHNACHTSMANN GESEHEN?

Ja! Und zwar am 15. Dezember 1965. Die Raumkapseln *Gemini 6* und *Gemini 7* waren auf dem Rückweg zur Erde. Da blickte ein Besatzungsmitglied aus dem Fenster – und staunte. *Gemini 6* funkte *Gemini 7* an und gab durch: »Flugobjekt gesichtet. Sieht nach einem Satelliten aus, unterwegs von Norden nach Süden, vermutlich auf polarer Bahn.« Das kann doch nur der Weihnachtsmann in seinem Schlitten gewesen sein! Vielleicht waren er und seine Rentiere gerade auf Übungsflug für Heiligabend. Denn da müssen sie flott unterwegs sein!

Auf einer Mundharmonika und einem Schellenband, das sie extra an Bord geschmuggelt hatten, stimmten die Astronauten das Lied Jingle Bells an. Das war das erste Lied, das jemals im Weltall gespielt wurde!

DEZEMBER

16
WIE SCHICKT DER KÖRPER FRAGEN AN DAS GEHIRN, UND WIE SCHICKT DAS GEHIRN SEINE ANTWORTEN?

In der Wirbelsäule befindet sich das Rückenmark, ein Strang aus Millionen langen Nervenzellen, der wie ein Schwanz am Gehirn hängt. Durch diese Leitung werden Botschaften vom Gehirn und ans Gehirn gejagt. Manche Nerven führen vom Gehirn weg und andere führen vom übrigen Körper dorthin. Wenn du deinen Arm bewegen willst, funkt dein Gehirn den passenden Befehl nach unten. Wenn du etwas mit den Fingerspitzen berührst, registriert deine Haut, wie es sich anfühlt und ob es heiß ist oder Schmerzen verursacht, und das melden die Nerven an dein Gehirn.

17
WARUM KÖNNEN ARME UND BEINE EINSCHLAFEN, UND WARUM KRIBBELT ES DANN SO?

Wird auf einen bestimmten Körperteil starker Druck ausgeübt, werden manchmal die Nerven darin gequetscht. In diesem Fall funken sie nicht mehr so viele Informationen an das Gehirn, und die Blutzufuhr klappt nicht mehr so gut. Löst sich der Druck dann wieder, feuern die Nerven mit einem Mal haufenweise Botschaften ans Gehirn ab und das Blut rauscht in sie hinein. Der Körperteil erwacht quasi wieder zum Leben – was du als prickelndes Kribbeln wahrnimmst.

18
WARUM SCHMÜCKEN WIR ZU WEIHNACHTEN ABGESÄGTE BÄUME?

In Europa stehen Nadelbäume schon seit langer Zeit im Mittelpunkt von Winterfesten. Im Deutschland des 16. Jahrhunderts wurden sie im Familienkreis mit Kerzen dekoriert. Später kam anderer Schmuck hinzu: Lametta, Süßigkeiten, Papieranhänger, goldglänzende Äpfel, die ersten mundgeblasenen Christbaumkugeln. Als der britische König Georg III. die deutsche Prinzessin Charlotte heiratete, gelangte dieser Brauch nach England. Zur Erinnerung an ihre Heimat schmiss Charlotte eine große Kinderparty mit festlichem Baum, und bald wollten alle einen haben. Von da an verbreitete sich der Brauch immer weiter!

19
WAS WIRD NACH WEIHNACHTEN AUS DEN GANZEN WEIHNACHTSBÄUMEN?

Aus vielen Weihnachtsbäumen wird Kompost gemacht. Oder in Müllverbrennungsanlagen wird mit ihnen Strom und Wärme erzeugt. Weihnachtsbaumhändler geben die Bäume, die sie nicht losgeworden sind, oft gratis an Zoos ab. Die Tiere freuen sich!

Zum Mittagessen kann ein Elefant fünf Weihnachtsbäume vertilgen.

DEZEMBER

20
WARUM GIBT ES AN WEIHNACHTEN GESCHENKE?

Die Heiligen Drei Könige beschenkten das Jesuskind. Könnte das Ganze also mit dieser Geschichte aus der Bibel zu tun haben? Tatsächlich wurden bereits im alten Rom zum Ende des Jahres Geschenke verteilt – im Rahmen einer Feier zu Ehren des Gottes Saturn, dem mit Opfergaben gedankt wurde. Als sich das Christentum ausbreitete, ging dieser Brauch in unserem Weihnachtsfest auf.

21
IST JEDE SCHNEEFLOCKE EINZIGARTIG?

Es heißt oft, dass es keine zwei Schneeflocken mit derselben Form gebe. Verantwortlich dafür ist der US-amerikanische Farmer Wilson Bentley. Der »Schneeflockenmann« fertigte die ersten Nahaufnahmen von Schneekristallen an. 5381 davon lichtete er ab – und keine war wie die andere. Allerdings besteht ein Liter Schnee aus rund einer Million Kristallen, und es schneit seit Milliarden von Jahren gelegentlich. Man kann also davon ausgehen, dass es ein paar Flockenformen schon mehrmals gab. Aber ausgerechnet die unter dem Mikroskop zu erwischen, das wäre ein Riesenzufall!

DEZEMBER

22
WIE FINDEN DIE RENTIERE VOM WEIHNACHTSMANN IM DUNKELN IHREN WEG?

Zum Glück hat sich der Weihnachtsmann genau die richtigen Zugtiere für seinen Schlitten ausgesucht. Denn Rentiere nehmen – anders als viele andere Tiere – ultraviolettes Licht wahr und finden sich dadurch im Dunkeln gut zurecht! So kann der Weihnachtsmann auch die finstere Nacht nutzen, um all die Geschenke auszuliefern.

23
WIRD ÜBERALL WEIHNACHTEN GEFEIERT?

Nicht überall, aber in sehr vielen Ländern! In manchen geht es mehr um das christliche Fest, in anderen mehr um eine fröhliche Party. Und überall gibt es eigene Bräuche. In Norwegen versteckt man Besen und Wischmopps, weil nach einem alten Glauben ansonsten böse Geister darauf eine Runde drehen könnten!

24
WEISS DER WEIHNACHTSMANN WIRKLICH VON ALLEN KINDERN, OB SIE BRAV WAREN?
ANTWORT VON NEIL GAIMAN

Wie du dir denken kannst, ist der Weihnachtsmann schwer beschäftigt. Er ist der Chef riesiger Spielzeugfabriken und muss pünktlich zum 24. Dezember eine weltweite Geschenkeauslieferung auf die Beine stellen – was für ein Stress! Da ist er froh, dass seine Frau, die Weihnachtsfrau, für ihn darauf achtet, wie sich die Kinder benehmen. Und über die Weihnachtsfrau muss man eines wissen: Sie hat ein weiches Herz.

Aus diesem Grund drückt sie öfter mal ein Auge zu, wenn du dich danebenbenimmst. Sie denkt sich: »Na ja, im Großen und Ganzen sind die Kinder doch häufiger artig als unartig. Abgesehen davon sind ihre Unartigkeiten sowieso halb so schlimm, weil sie einfach so toll sind!« Und dann trägt sie dir keinen Minuspunkt ein, auch wenn sie vielleicht könnte.

Zumindest behaupte ich, dass das an ihrem weichen Herzen liegt. Es könnte auch einen anderen Grund haben. Da, wo ich herkomme, glaubt man, dass der Weihnachtsmann unartigen Kindern anstelle von Geschenken Kohlestücke bringt. Und wie ich gehört habe, erzählen die Elfen herum, dass seine Frau einfach zu genervt gewesen sei von dem ganzen Kohledreck nach den Feiertagen. In alten Zeiten kutschierte der Weihnachtsmann nämlich Millionen Kohlestücke in alle Welt! Das machte die Rentiere müde, und wenn der Weihnachtsmann nach Hause kam, war er schwarz vom Ruß. Es war eine monatelange Plackerei, sein Gewand wieder so schön rot und weiß hinzukriegen. Und sein Bart gefällt der Weihnachtsfrau in Weiß auch viel besser! Doch wie gesagt, das erzählen nur die Elfen herum. Ich glaube ihnen kein Wort. Ich glaube, die Weihnachtsfrau hat ein kerzenwachsweiches Herz.

DEZEMBER

25
WER HAT DEN ERSTEN FALLSCHIRM GEMACHT?

Der Erste, der einen Fallschirm bastelte *und* damit einen gelungenen Sprung hinlegte, war Louis Sébastien Lenormand. Bei früheren Experimenten war der Franzose noch mit zwei Regenschirmen in den Händen von einem Baum gehüpft. Im Dezember 1783 aber stürzte er sich mit einem selbst gebauten Fallschirm vom Turm der Sternwarte von Montpellier – und landete Sekunden später wohlbehalten am Boden. Lenormands Konstruktion war 4,3 Meter groß und hatte einen starren Holzrahmen. Seitdem wurde die Technik des Fallschirms stark verbessert und deutlich sicherer. Inzwischen haben sogar Raumsonden gebremst von einem Fallschirm sanft auf dem Mars aufgesetzt!

Schon im 15. Jahrhundert zeichnete Leonardo da Vinci einen Fallschirm. Sein Entwurf wurde jedoch erst viele Jahre später in die Tat umgesetzt und getestet.

26
WARUM PLATZT DIE SCHALE VON EIERN, WENN MAN SIE FALLEN LÄSST?

Eier sind einerseits sehr leicht, andererseits sehr robust – schließlich sollen sie die Küken, die darin wachsen könnten, vor Schaden bewahren. Ihre Schale besteht aus Kalk. Lässt man ein Ei fallen, rauscht es in hohem Tempo zu Boden, und beim Aufprall wirkt eine große Kraft vom Boden auf das Ei. Sie ist so groß, dass die Schale nicht standhalten kann, und es macht *Knack*.

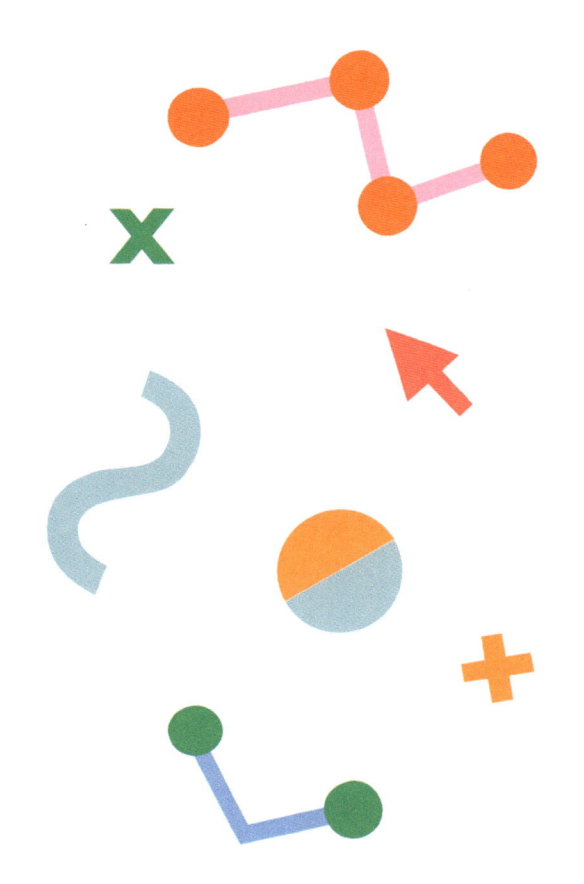

27
WIE SIND DIE MENSCHEN SO SCHLAU GEWORDEN?

Vor etwa drei Millionen Jahren fanden unsere Vorfahren heraus, wie man Werkzeuge und Waffen aus Stein anfertigt. Mithilfe immer besserer Waffen wurden sie zu immer besseren Jägern. Folglich hatten sie immer mehr Fleisch zu essen – und in Fleisch steckt eine Menge Energie. Vermutlich steigerte sich dadurch die Größe ihres Gehirns im Verhältnis zum Körper. Noch wichtiger als die reine Größe waren aber die Verbindungen zwischen den Teilen ihres Gehirns. Später erfanden unsere Vorfahren Apparaturen, mit denen sie mehr aus ihrer natürlichen Intelligenz herausholen konnten. Zum Beispiel Computer, die schneller rechnen können als wir selbst und uns dadurch eine Menge Arbeit abnehmen.

28
WAS IST DAS GRÖSSTE GEMÄLDE DER WELT?

Das größte Gemälde der Welt heißt *Die Reise der Menschheit* und ist so groß wie zehn Tennisplätze. Es stammt von dem britischen Künstler Sacha Jafri, der sich dabei von Kinderbildern aus der Zeit der Corona-Pandemie inspirieren ließ. Manche davon sind sogar in das farbenfrohe Riesenbild eingearbeitet. Jafris Kunstwerk wurde für etwa 52 Millionen Euro versteigert – die für Kinder gespendet werden!

DEZEMBER

29
WIE IST DAS MIT DER KÖRPERTEMPERATUR VON TIEREN?

Es gibt wechselwarme und gleichwarme Tiere. Wechselwarme wie Frösche, Fische, Insekten, Würmer und Spinnen erzeugen ihre Körperwärme nicht selbst. Ihre Temperatur schwankt je nachdem, wie warm es um sie herum ist. Gleichwarme wie Säugetiere und Vögel halten ihre Temperatur aus eigener Kraft konstant. Sich selbst aufzuwärmen, kostet aber viel Energie. Deswegen brauchen gleichwarme Tiere in kalten Regionen mehr Nahrung als wechselwarme.

Die meisten Fische sind wechselwarm, doch der Gotteslachs sorgt dafür, dass er innen drin stets fünf Grad wärmer ist als das Wasser um ihn herum. Damit ist er der einzige wahrhaft gleichwarme Fisch. Außer es gibt noch andere, die wir bloß noch nicht entdeckt haben!

30
WARUM SIND REPTILIEN SO SCHEU?

Zuerst einmal sind Reptilien für manche Tiere sehr lecker, und als leckere Beute sollte man in der Wildnis nicht allzu kontaktfreudig sein! Doch warum sind Reptilien scheuer als die ähnlich schmackhaften Nagetiere? Vielleicht weil sie wechselwarm sind. Ehe sie vor einem Angreifer flüchten können, müssen sie sich erst langwierig aufwärmen. Da ist es sinnvoll, aus Prinzip kein Risiko einzugehen. Außerdem wachsen Reptilien im Gegensatz zu Säugern und Vögeln nicht bei ihrer Familie auf. Sie haben also nie eine kuschelige Gemeinschaft erlebt.

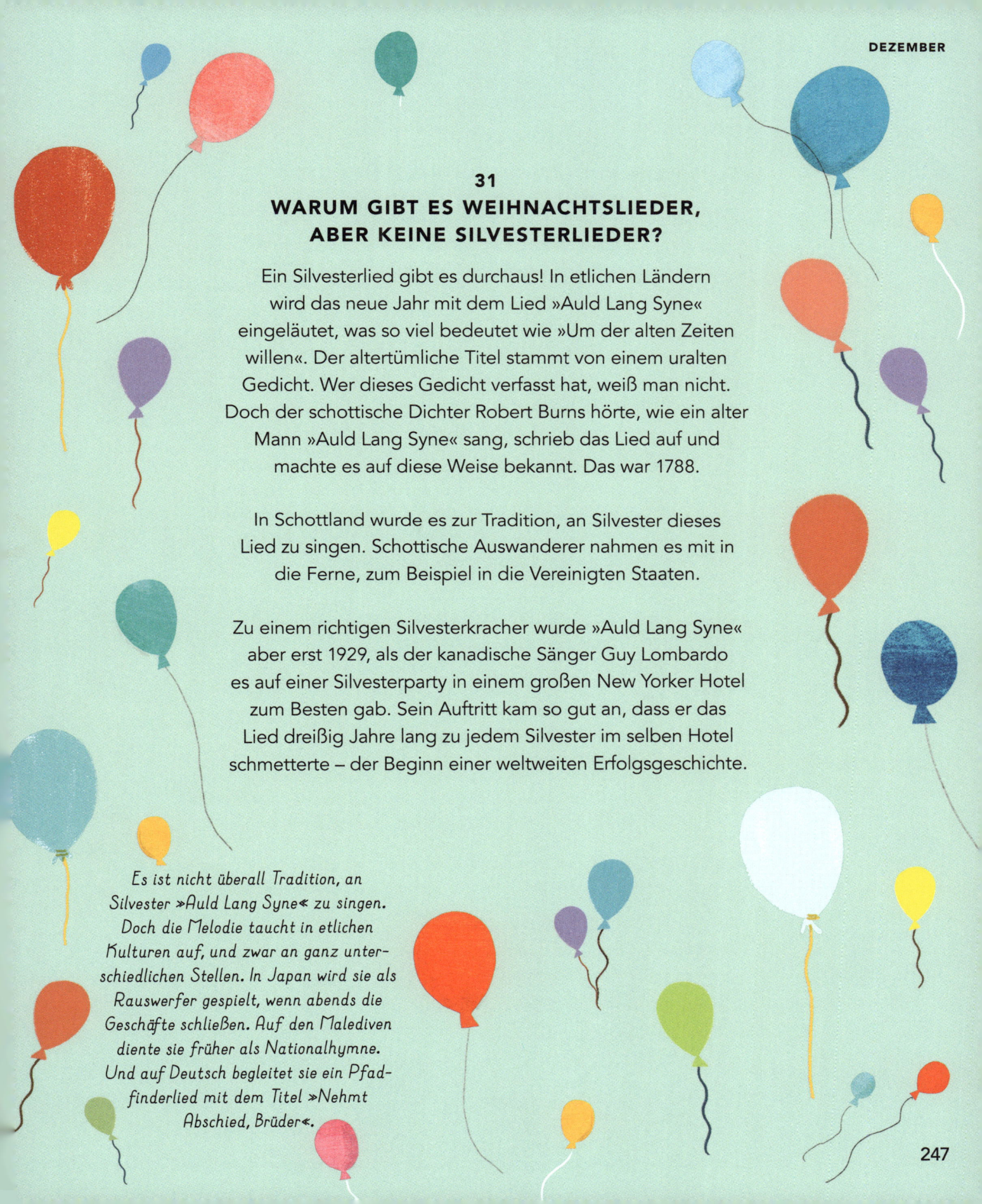

31
WARUM GIBT ES WEIHNACHTSLIEDER, ABER KEINE SILVESTERLIEDER?

Ein Silvesterlied gibt es durchaus! In etlichen Ländern wird das neue Jahr mit dem Lied »Auld Lang Syne« eingeläutet, was so viel bedeutet wie »Um der alten Zeiten willen«. Der altertümliche Titel stammt von einem uralten Gedicht. Wer dieses Gedicht verfasst hat, weiß man nicht. Doch der schottische Dichter Robert Burns hörte, wie ein alter Mann »Auld Lang Syne« sang, schrieb das Lied auf und machte es auf diese Weise bekannt. Das war 1788.

In Schottland wurde es zur Tradition, an Silvester dieses Lied zu singen. Schottische Auswanderer nahmen es mit in die Ferne, zum Beispiel in die Vereinigten Staaten.

Zu einem richtigen Silvesterkracher wurde »Auld Lang Syne« aber erst 1929, als der kanadische Sänger Guy Lombardo es auf einer Silvesterparty in einem großen New Yorker Hotel zum Besten gab. Sein Auftritt kam so gut an, dass er das Lied dreißig Jahre lang zu jedem Silvester im selben Hotel schmetterte – der Beginn einer weltweiten Erfolgsgeschichte.

Es ist nicht überall Tradition, an Silvester »Auld Lang Syne« zu singen. Doch die Melodie taucht in etlichen Kulturen auf, und zwar an ganz unterschiedlichen Stellen. In Japan wird sie als Rauswerfer gespielt, wenn abends die Geschäfte schließen. Auf den Malediven diente sie früher als Nationalhymne. Und auf Deutsch begleitet sie ein Pfadfinderlied mit dem Titel »Nehmt Abschied, Brüder«.

WOHIN WIRD DICH DEINE NEUGIER ALS NÄCHSTES FÜHREN?

Bist du jetzt noch neugieriger auf die Welt um dich herum?
Ich hätte ein paar Tipps, wie du dich weiter schlaumachen kannst.
Unter unserer Sonne gibt es so viel zu entdecken …

Am besten ist es auf jeden Fall, dich von deiner Neugier leiten zu lassen.
Jeder Mensch hat seine eigenen Interessen – also was fasziniert dich an
unserer Welt? Worüber würdest du gerne Nachforschungen anstellen?
Für den Start möchte ich dir ein paar Ideen mitgeben.

*Drück zunächst einmal die Pausetaste und sieh dich in der Welt um.
Lass dir Zeit. Wenn ein Marienkäfer über deinen Finger krabbelt, schau ihn dir
genau an und zähl seine Punkte. Betrachte den Wind in den Bäumen
und die Sonne am Himmel. Saug alles auf.*

*Als Nächstes könntest du einer Sternwarte einen Besuch abstatten, um
mehr über die Planeten und das Universum zu erfahren. Vielleicht darfst
du sogar einen Blick durchs Teleskop werfen.*

*Im Zoo und im Park, auf dem Bauernhof oder im Vogelschutzgebiet
kannst du Tiere aus nächster Nähe erleben. Und vielleicht herausfinden,
was du für den Schutz bedrohter Arten tun kannst.*

*In Büchereien und Bibliotheken findest du Antworten auf alle Fragen, die deine
Neugier bereithält. Falls du nicht weißt, wo du anfangen sollst, erkundige dich an
der Auskunft. Die Leute dort finden bestimmt das richtige Buch für dich.*

*Falls du das Glück hast, in ein fremdes Land zu reisen, mach die Augen auf und
finde heraus, wie die Menschen dort leben. Es gibt kaum ein größeres Abenteuer.*

*Auch von den Menschen um dich herum, von deinen Mitschülerinnen und
Mitschülern kannst du vieles lernen. Frag sie, was sie so machen, was bei
ihnen los ist. Mit jeder Frage und jeder Antwort wird deine Welt
noch größer und interessanter.*

MOLLY

Molly Oldfield ist die Stimme des Podcasts *Everything Under the Sun*, der Fragen von Kindern aus aller Welt auf den Grund geht. Das erklärte Ziel: Dafür zu sorgen, dass keine einzige neugierige Frage unbeantwortet bleibt! Bevor sie Mutter wurde, arbeitete Molly an zwölf Staffeln der beliebten Fernsehsendung *QI*. Die dreht sich um ungewöhnliche Fragen – und Molly gehörte zu den ersten QI-Elfen, die sich solche Fragen ausdachten und die Antworten darauf zutage förderten. Außerdem hat Molly mehrere Bücher geschrieben: *The Secret Museum*, *Wonders of the World's Museums* und *Natural Wonders of the World*. Sie hat zwei Kinder und unternimmt für ihr Leben gern Abenteuer mit ihrer Familie.

Du willst mehr über Mollys Podcast erfahren? Möchtest ihn dir anhören oder selbst eine Frage einschicken? Dann geh auf www.mollyoldfield.com/everythingunderthesun

DANKE

Etliche Expertinnen und Experten, Künstlerinnen und Künstler, Denkerinnen und Denker haben Molly dabei unterstützt, die Fragen in diesem Buch zu beantworten. Jede und jeder von ihnen hat ein großes Dankeschön verdient.

Jonathan Ablett
Chefkurator, Natural History Museum, London

Professor Jim Al-Khalili
Professor der theoretischen Physik, Autor, Hörfunk-Journalist

Jack Ashby
Autor und Zoologe

Stuart Atkinson
Autor mit Schwerpunkt Astronomie

Professor Paul Barrett
Forscher, Natural History Museum, London

Alex Bellos
Schriftsteller und Hörfunk-Journalist

Rob Biddulph
Schriftsteller und Illustrator

Rob Blake
Astronom, Royal Observatory, Edinburgh

Heston Blumenthal
Küchenchef des Drei-Sterne-Restaurants The Fat Duck und Podcaster (Heston's Journey to the Centre of Food)

Dr. Alex Bond
Chefkurator, Natural History Museum, London

Sir Richard Branson
Weltweit aktiver Unternehmer, Abenteurer, Gründer der Virgin Group

Gordon Buchanan
Tierfilmer, Moderator und Redner

Dr. David Button
Fakultät für Geowissenschaften, Universität Bristol

Alan Canon
Cave Research Foundation

Lino Carbosiero MBE
Promi-Friseur

Nick Caruso
Wissenschaftlicher Mitarbeiter, Institut zum Schutz von Fischen und Wildtieren, Technische Universität Virginia

Chris Chittick
Tornadojäger

Dr. Harry Cliff
Partikelphysiker, Universität Cambridge

Bruder Guy Consolmagno
Direktor der Vatikanischen Sternwarte

Crocodile Joe
Reptilienfan

Dr. Nick Crumpton
Zoologe

Helen Czerski
Physikerin, University College London

Alice Dancer
Doktorandin, Royal Veterinary College, London

Lee Davies
Leiter des Fungariums, Kew Gardens, London

Amy Davy
Museumspädagogin, Science Museum, London

Vicki Dawson
Gründerin und CEO, The Sleep Charity

Lord Alf Dubs
Politiker und Flüchtlingshelfer

Marcus du Sautoy
Mathematiker, Universität Oxford

David Eagleman
Neurowissenschaftler und Autor

Abi Elphinstone
Kinderbuchautorin

Jess Evans
Leitende Gärtnerin, National Trust

Professor Charles Fernyhough
Schriftsteller und Psychologe, Universität Durham

Dr. Irving Finkel
Chefkurator, British Museum, London

Marina Fogle
Autorin, Journalistin, Mitgründerin von The Bump Class und Podcasterin (The Parent Hood)

Alys Fowler
Gartenbauerin und Journalistin

Neil Gaiman
Preisgekrönter Autor mehrerer New-York-Times-Bestseller

Julia Galway-Witham
Paläoanthropologin

Professor Danielle George
Professorin für Hochfrequenztechnik, Universität Manchester

George the Poet
Spoken-Word-Künstler, Dichter, Rapper, Podcaster

Joe Grosel
Vogelexperte und Umweltforscher

James Harkin
Podcaster, Fernsehmoderator, Fernsehautor

Professor Philip Hoare
Schriftsteller und Professor für kreatives Schreiben, Universität Southampton

Michael Holding
Kricket-Kommentator und ehemaliger Auswahlspieler der Karibischen Inseln

Dr. Chiara Hunt
Ärztin und Mitgründerin von The Bump Class

Suzi Hyde
Leitende Tierpflegerin, Zoologische Gesellschaft von London

Oliver Jeffers
Künstler, Illustrator und Schriftsteller

Dr. Emma Keller
Leiterin Nachhaltigkeit Nestlé UK, ehemals WWF

Dr. Sandra Knapp
Forscherin, Natural History Museum, London

Bella Lack
Junge Aktivistin und Umweltschützerin

Isabel Lamb
Gründerin, The Little Grand Tour

Sam Lee
Folksänger, Aktivist, Umweltschützer

Tara Lee
Yoga-Lehrerin

Karen Letten
Öffentlichkeitsarbeit mit Schwerpunkt Schulen, Woodland Trust

Dr. Simon Loader
Chefkurator, Natural History Museum, London

James Maclaine
Chefkurator, Natural History Museum, London

Kate Martin
Chefrangerin Küstengebiete, National Trust

Roberto Portela Miguez
Chefkurator, Natural History Museum, London

Doug Millard
Stellvertretender Leiter, Science Museum, London

John Mitchinson
Autor, Herausgeber, Fernsehjournalist

Will Newton
Victoria and Albert Museum of Childhood, London

Aidan O'Hanlon
*Insektenforscher, Naturkunde,
National Museum of Ireland*

Travis Park
Paläontologe, Natural History Museum, London

Philippa Perry
Autorin und Psychotherapeutin

Alasdair Pinkerton
*Privatdozent für Geopolitik, Royal Holloway,
Universität London, und Politiker*

Justin Pollard
Historiker, Autor und Producer

Maria Popova
Autorin

Gavin Pretor-Pinney
Gründer, Cloud Appreciation Society

Nick Ross
Leiter, Art History Abroad

Professor Sara Russell
Forscherin, Natural History Museum, London

Dr. Adam Rutherford
Wissenschaftler, Autor, Fernseh- und Hörfunkjournalist

Rob Ryan
Künstler

Richard Sabin
Hauptkurator, Natural History Museum, London

Dr. Catherine Sangster
*Leiterin Aussprache, Wörterbücher,
Oxford University Press*

Jack Savoretti
Musiker

Helen Scales
Meeresbiologin, Autorin und Hörfunkjournalistin

Dan Schreiber
*Autor, Producer, Comedian, Fernsehmoderator
und Podcaster*

Pippa Small
Juwelierin

Sir Tim Smit
*Geschäftsführender Vizepräsident und Mitgründer,
Eden Project, Cornwall*

Dan Snow
Historiker und Fernsehmoderator

Georgina Stevens
Autorin und Umweltschutzaktivistin

Clover Stroud
Schriftsteller und Journalist

Titanic Belfast
Titanic-Museum, Belfast, Nordirland

Dr. Katie Thomas
*Wissenschaftliche Mitarbeiterin, Natural History
Museum, London*

Simon Toomer
*Spezialist für landesweiten Pflanzenschutz,
National Trust*

Dr. Chris van Tulleken
Arzt und Fernsehmoderator

Paolo Viscardi
Kurator Zoologie, National Museum of Ireland

Kristian Volsing
Projekt-Kurator, Victoria and Albert Museum, London

Professor Benjamin Zephaniah
Dichter und Schriftsteller

ILLUSTRATORINNEN UND ILLUSTRATOREN

Herzlichen Dank an all die tollen Künstlerinnen und Künstler, die dieses Buch mit ihren Illustrationen zum Leben erweckt haben! An dieser Stelle möchten sie dir ein bisschen was über sich erzählen.

MOMOKO ABE

Ich komme aus einer kleinen Stadt in Japan, lebe inzwischen aber in Südlondon. Am liebsten male ich Kuchen und Katzen. Die Illustrationen zu den Fragen: »Wer hat die Schrift erfunden und worüber hat er oder sie geschrieben?« und »Wo war die erste Bibliothek der Welt?« (S. 84–85) haben mir am meisten Spaß gemacht.

ALICE COURTLEY

Ich komme ursprünglich aus London und lebe immer noch in England, aber in Cambridge. Am liebsten male ich Katzen, doch der Hammerhai für dieses Buch war auch sehr spaßig (S. 153). Ein weiteres Highlight war die Illustration zur Frage »Warum sind Bäume so wichtig?« (S. 67). Sie hat mir nämlich in Erinnerung gerufen, wie großartig Bäume sind.

KELSEY BUZZELL

Ich komme aus Oregon in den USA und male am liebsten Tiere! Es gibt so viele verschiedene (und mir ist egal, ob echte oder Fabelwesen). Toll fand ich, den Knoblauchatem zu malen und zugleich zu erfahren, woher er kommt (S. 13).

SANDRA DE LA PRADA

Ich komme aus Barcelona und male am liebsten Monster! In diesem Buch hat mir der Blobfisch richtig viel Spaß gemacht. Ich hatte keine Ahnung, dass er normalerweise ganz anders aussieht (S. 60)!

BEATRICE CEROCCHI

Ich komme aus Rom, ich lebe und arbeite bis heute dort, und ich male am liebsten meine Lieblingsstadt: Rom! Die alten Bauwerke, aber auch die Schaufenster der Einkaufsstraßen, weil sie so viel Abwechslung bieten. Außerdem stelle ich mir gerne das Leben unter der Meeresoberfläche vor, deshalb haben mir der Wal und der Papageifisch besonders viel Spaß gemacht (S. 165).

GRACE EASTON

Ich komme aus St Albans in England und bin inzwischen nach London gezogen. Am liebsten male ich Gesichter. Doch meine Lieblingsillustration war die zu den Koalababys, die den »Pap« ihrer Mama fressen. Pfui! (S. 86)

MANUELA MONTOYA ESCOBAR

Ich komme aus Kolumbien und lebe inzwischen in Barcelona. Am liebsten male ich Tiere und Pilze. Ich hatte viel Freude an der Illustration zur Frage »Warum werden Insekten von gelben Klamotten angelockt?« (S. 42).

GWEN MILLWARD

Ich komme aus Wales und wohne heute im englischen Bristol. Am liebsten male ich Insekten, Tiere und Menschen. An den Fragen »Wie viele verschiedene Tiere gibt es im Amazonas-Regenwald?« (S. 177) und »Warum haben Marienkäfer Punkte?« (S. 54) hatte ich am meisten Spaß.

RICHARD JONES

Ich wurde mitten im Vereinigten Königreich geboren, habe den Großteil meines Lebens aber im idyllisch grünen Südwesten der Insel verbracht. Am liebsten male ich Hunde mit Halstuch. Ich hatte besonders viel Spaß an der Frage zur Etruskerspitzmaus (S. 154). Was für ein herrliches Tier: das kleinste der Welt und mit superschnellem Herzschlag!

SALLY MULLANEY

Ich komme aus England, genauer gesagt aus Stockport, einer Stadt, die man wegen ihrer Hüte kennt. Am liebsten male ich Menschen, die nichts davon wissen. Ich fand es am schönsten, die Kaninchen zu malen (S. 201). Diesmal waren es nur fünf, aber vielleicht schaffe ich irgendwann alle. Es sind ja nur ein paar Milliarden!

LISA KOESTERKE

Ich wurde in Deutschland geboren, bin in Australien aufgewachsen und male am liebsten Obst und Gemüse. Mir hat die Frage »Wie können Astronauten im Dunkeln sehen?« (S. 183) besonders viel Spaß gemacht. Ich wusste das nämlich nicht, und das Weltall ist sowieso immer interessant und aufregend!

LAURIE STANSFIELD

Ich komme aus Oxford und lebe in Bristol. Beim Malen geht für mich nichts über Krokodile! Ich hatte Spaß an vielen, vielen Illustrationen für dieses Buch, und nebenbei habe ich auch noch einiges gelernt! Meine Lieblingsillustration ist die zur Frage »Woher kommen die Ideen?« (S. 186–187). Mir kommen beim Zeichnen und beim Laufen neue Ideen. Und mit dieser Doppelseite wollte ich rüberbringen, was Ideen sind: Magie. Reinste Magie!

KINDER

Mein ganz besonderer Dank geht an alle Kinder, die mir so tolle, neugierige Fragen gestellt haben!

Logan, 9
Beatrix, 5
Arlo, 2
Isabelle, 8 ½
Fyfe, 4
Darcey, 3
Alexandra, 3
Alfred, 6
Ollie, 5
Ben, 3
Archie, 7
Alayna, 7
Elijah, 7
Beatrice, 8
Henry, 6
Ralph, 8
Theo, 3
Arthur, 6
Ithaca, 4
Lola, 6
Lily, 5
Jude, 3
Bee, 11
Arlo, 7
Olivia, 4
Sofie, 8
Joanna, 6
Ethan, 3
Martha, 7
Dexter, 5
Julia, 9
Ted, 6
Munashe, 8

Dritte Klasse Grundschule Bolton
Zori, 6
Jagoda, 11
Otis, 8
Tommi, 5
Benjamin, 8
Seraphina, 6
Linus, 7
Olivia, 6
Tabitha, 9
Esmeralda, 10
Violet, 9
Benji, 6
Marcus, 3
Lucas, 7
Maya, 6
Faye, 4
Felicity, 10
Ahmad, 4
Fynn, 7
Wilbur, 4
Reuben, 5
Benjamin, 4
Scarlet, 8
Oscar, 8
Iris, 6
Allie, 8
Ray, 8
Eleanor, 11
Harry, 9
Catrin, 10
Eashan, 7
Millen, 9

Sophia, 7
Sonny, 4
Bonnie, 7
Louie, 10
Isaac, 7
Tara, 6
Chloë, 4
Maggie, 6
Isabella, 8
Sofia, 6
Sophia, 10
Christopher, 7
Sidney, 6
Herb, 2
Nihal, 7
Rory, 7
Max, 5
Archibald, 4 ½
Gibran, 7
Isobel, 8
Alice, 5
Elodie, 7
Madeleine, 4
Clara, 4
Magnus, 6
Alice, 6
Benjamin, 2
Grace, 3
Cooper, 7
Camryn, 4
Sky, 16
Cosmo, 18
Millie, 9

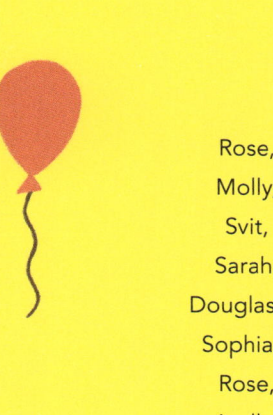

Rose, 7
Molly, 5
Svit, 6
Sarah, 6
Douglas, 4½
Sophia, 10
Rose, 7
Arella, 7
Lucas, 4
Wilf, 4
Lila, 5
Tessa, 8
James, 6
Mateo, 5
Charlie, 9
Hayden, 7
Harrison, 4
Walter, 6
Alisa, 6
Aoife, 8
Lachlan, 5
Blaise, 8
Dragon, 5
Quinn, 6
Paisley, 4
George
Shivane, 7
Annabel, 7
Orla, 5
Daisy, 8
Evey, 6
Joseph, 8
Matthew, 6
Oscar, 6
Charlotte, 6
Charlotte und Aaron
Zein, 5
Alena, 7
Beth, 6

Honor, 11
Francesca (Chessie)
Jemima
Verity
Iris, 5
Robert, 4
Ned, 6
Caspian, 5
Diah, 10
Rose, 10
Arya, 6
Ada, 8
Sophia, 7
Alex, 4
Romily, 7
Oscar, 5
Elkie, 9
Alice, 7
Cecilie, 10
Cleo, 3
Ivy, 6
Dorothy, 5
Evelyn, 7
George, 5
Reuben, 8
Leo, 5
Arthur, 6
Martha und Heidi
Jessica, 8
Alice, 8
Dora, 7
Iris, 5
Mia, 3
Aureliana, 5
Abbie
Annabel, 5
Rex, 4
Sam, 7
Ben, 5

Ray, 9
Molly, 8
Gil, 6
Heidi, 8
Emmeline, 5½
Nina, 3
Alexis, 7
Wren, 5
Annabelle, 5
Thomas, 8
Otto, 4
Orla, 4
Anna, 4
Matilda, 6
Emily, 9
Joseph, 7
Charlie, 7
Sonalie, 8
Lakmé, 6
Wolf, 4
Ambrose, 5
Goldie, 4½
Matilda
Olivia, 6
Teddy, 6
Zarina, 8
Sechste Klasse *Globe Primary School*, London

255

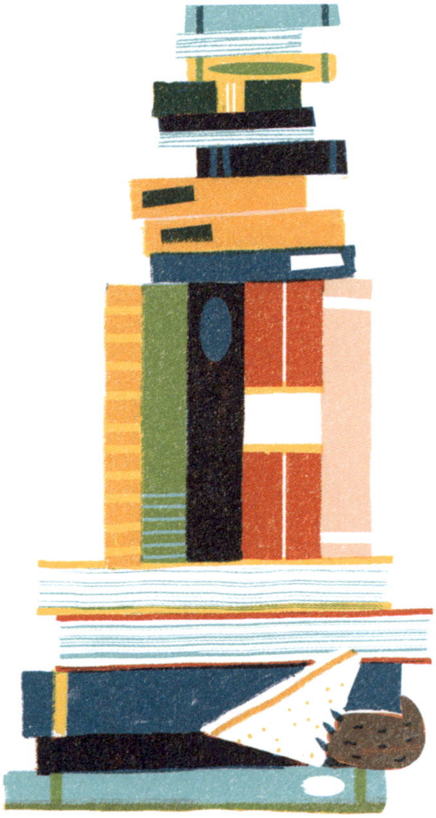